D1688266

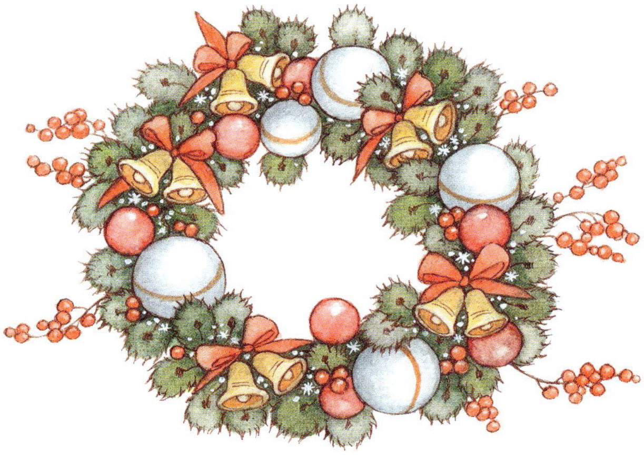

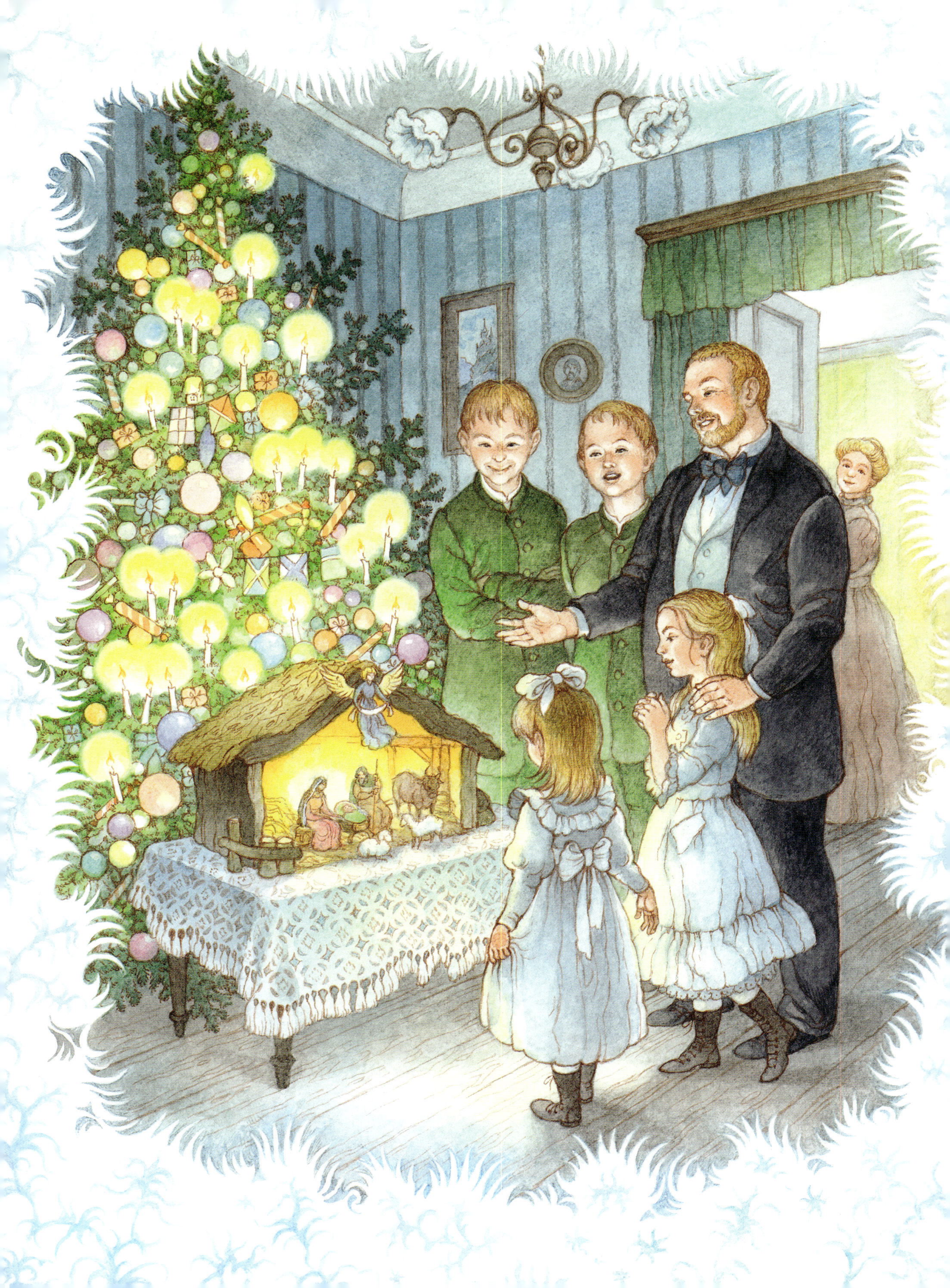

Большая зимняя книга

Рассказы и сказки

Художник Ольга Ионайтис

МОСКВА
РОСМЭН
2021

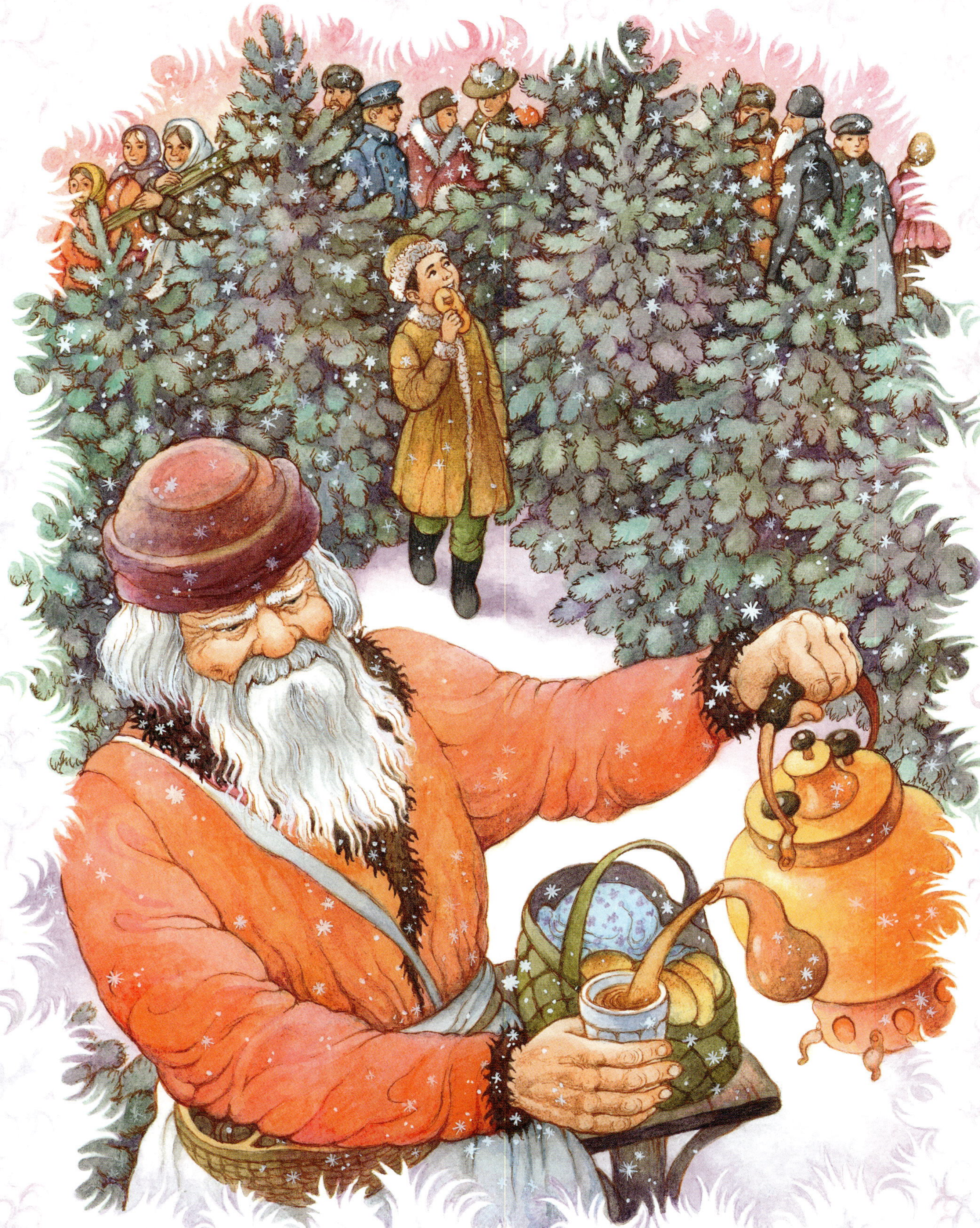

И. Шмелев

Рождество

(Глава из повести «Лето Господне»)

Ты хочешь, милый мальчик, чтобы я рассказал тебе про наше Рождество. Ну что же... Не поймешь чего — подскажет сердце.

Как будто я такой, как ты. Снежок ты знаешь? Здесь он — редко, выпадет — и стаял. А у нас повалит, — свету, бывало, не видать, дня на три! Все завалит. На улицах — сугробы, все бело. На крышах, на заборах, на фонарях — вот сколько снегу! С крыш свисает. Висит — и рухнет мягко, как мука. Ну, за ворот засыплет. Дворники сгребают в кучи, свозят. А не сгребай — увязнешь. Тихо у нас зимой и глухо. Несутся санки, а не слышно. Только в мороз визжат полозья. Зато весной услышишь первые колеса... вот радость!..

Наше Рождество подходит издалека, тихо. Глубокие снега, морозы крепче. Увидишь, что мороженых свиней подвозят, — скоро и Рождество. Шесть недель постились, ели рыбу. Кто побогаче — белугу, осетрину, судачка, наважку; победней — селедку, сомовину, леща... У нас, в России, всякой рыбы много. Зато на Рождество — свинину, все. В мясных, бывало, до потолка навалят, словно бревна, — мороженые свиньи. Окорока обрублены, к засолу. Так и лежат, рядами, — разводы розовые видно, снежком запорошило.

А мороз такой, что воздух мерзнет. Инеем стоит, туманно, дымно. И тянутся обозы — к Рождеству. Обоз? Ну будто поезд... только не вагоны, а сани, по снежку, широкие, из дальних мест. Гусем, друг за дружкой, тянут. Лошади степные, на продажу. А мужики здоровые, тамбовцы, с Волги, из-под Самары. Везут свинину, поросят, индюшек, — «пылкого морозу». Рябчик идет сибирский, тетерев-глухарь... Знаешь — рябчик? Пестренький такой, рябой... ну, рябчик! С голубя, пожалуй, будет. Называется — дичь, лесная птица. Питается рябиной, клюквой, можжевелкой. А на вкус, брат!.. Здесь редко видишь, а у нас — обозами тянули. Все распродадут, и сани, и лошадей, закупят красного товару, ситцу — и домой, чугункой. Чугунка? А железная дорога. Выгодней в Москву обозом: свой овес-то, и лошади к продаже, своих заводов, с косяков степных.

Перед Рождеством, на Конной площади, в Москве, — там лошадями торговали, — стон стоит. А площадь эта... — как бы тебе сказать?.. — да попросторней будет, чем... знаешь, Эйфелева-то башня где? И вся — в санях. Тысячи саней, рядами. Мороженые свиньи — как дрова лежат на версту. Завалит снегом, а из-под снега рыла да зады. А то чаны, огромные, да... с комнату, пожалуй! А это солонина. И такой мороз, что и рассол-то замерзает... розовый ледок на солонине. Мясник, бывало, рубит топором свинину, кусок отскочит, хоть с полфунта, — наплевать! Нищий подберет. Эту свиную «крошку» охапками бросали нищим: на, разговейся! Перед свининой — поросячий ряд, на версту. А там — гусиный, куриный, утка, глухари-тетерьки, рябчик... Прямо из саней торговля. И без весов, поштучно больше. Широка Россия, — без весов, на глаз. Бывало, фабричные впрягутся

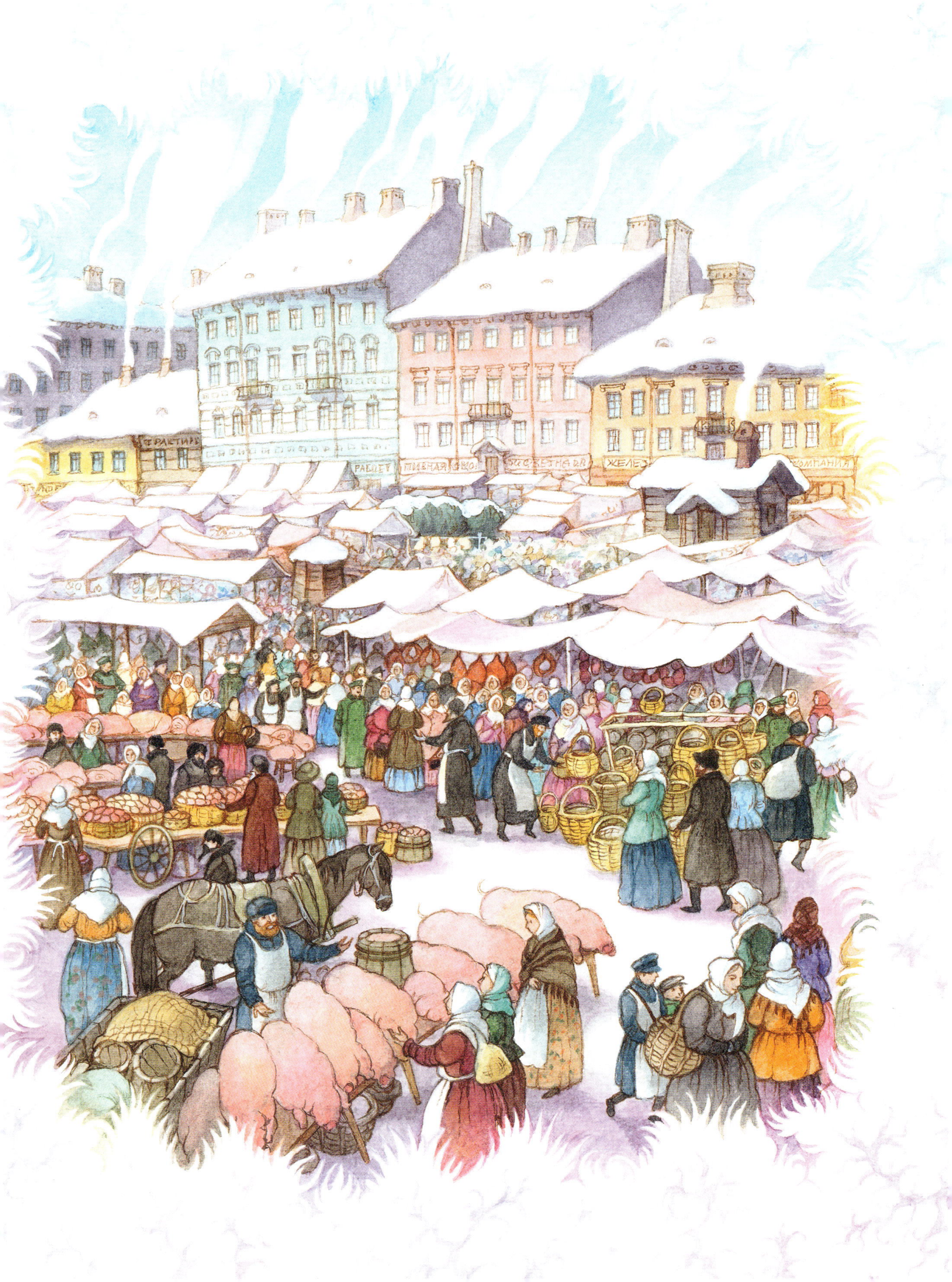

ТРАКТИРЪ
ПИВНАЯ
ЖЕЛЕЗ
КОМПАНИЯ

в розвальни, — большие сани, — везут-смеются. Горой навалят: поросят, свинины, солонины, баранины... Богато жили.

Перед Рождеством, дня за три, на рынках, на площадях, — лес елок. А какие елки! Этого добра в России сколько хочешь. Не так, как здесь, — тычинки. У нашей елки... как отогреется, расправит лапы, — чаща. На Театральной площади, бывало, — лес. Стоят, в снегу. А снег повалит, — потерял дорогу! Мужики, в тулупах, как в лесу. Народ гуляет, выбирает. Собаки в елках — будто волки, право. Костры горят, погреться. Дым столбами. Сбитенщики ходят, аукаются в елках: «Эй, сладкий сбитень! калачики горячи!..» В самоварах, на долгих дужках, — сбитень. Сбитень? А такой горячий, лучше чая. С медом, с имбирем, — душисто, сладко. Стакан — копейка. Калачик мерзлый, стаканчик сбитню, толстенький такой, граненый, — пальцы жжет. На снежку, в лесу... приятно! Потягиваешь понемножку, а пар — клубами, как из паровоза. Калачик — льдышка. Ну, помакаешь, помягчеет. До ночи прогуляешь в елках. А мороз крепчает. Небо — в дыму — лиловое, в огне. На елках иней. Мерзлая ворона попадется, наступишь — хрустнет, как стекляшка. Морозная Россия, а... тепло!..

В сочельник, под Рождество, бывало, до звезды не ели. Кутью варили, из пшеницы, с медом; взвар — из чернослива, груши, шепталы... Ставили под образа, на сено. Почему?.. А будто — дар Христу. Ну... будто Он на сене, в яслях. Бывало, ждешь звезды, протрешь все стекла. На стеклах лед, с мороза. Вот, брат, красота-то!.. Елочки на них, разводы, как кружевное. Ноготком протрешь — звезды не видно? Видно! Первая звезда, а вон — другая... Стекла засинелись. Стреляет от мороза печка, скачут тени. А звезд все больше. А какие звезды!.. Форточку откроешь — резанет, ожжет морозом. А звезды!.. На черном небе так и кипит от света, дрожит, мерцает. А какие звезды!.. Усатые, живые, бьются, колют глаз. В воздухе-то мерзлость, через нее-то звезды больше, разными огнями блещут, — голубой хрусталь, и синий, и зеленый, — в стрелках. И звон услышишь. И будто это звезды — звон-то! Морозный, гулкий, — прямо серебро. Такого не услышишь, нет. В Кремле ударят, — древний звон, степенный, с глухотцой. А то — тугое серебро, как бархат звонный. И все запело, тысяча церквей играет. Такого не услышишь, нет. Не Пасха, перезвону нет, а стелет звоном, кроет серебром, как пенье, без конца-начала... гул и гул.

Ко всенощной. Валенки наденешь, тулупчик из барана, шапку, башлычок, — мороз и не щиплет. Выйдешь — певучий звон. И звезды. Калитку тронешь, — так и осыплет треском. Мороз! Снег синий, крепкий, попискивает тонко-тонко. По улице — сугробы, горы. В окошках розовые огоньки лампадок. А воздух... синий, серебрится пылью, дымный, звездный. Сады дымятся. Березы — белые виденья. Спят в них галки. Огнистые дымы столбами, высоко, до звезд. Звездный звон, певучий, — плывет, не молкнет; сонный, звон-чудо, звон-виденье, славит Бога в вышних, — Рождество.

Идешь и думаешь: сейчас услышу ласковый напев-молитву, простой, особенный какой-то, детский, теплый... и почему-то видится кроватка, звезды.

> Рождество Твое, Христе Боже наш,
> Возсия мирови Свет Разума...

И почему-то кажется, что давний-давний тот напев священный... был всегда. И будет.

На уголке лавчонка, без дверей. Торгует старичок в тулупе, жмется. За мерзлым стеклышком — знакомый Ангел с золотым цветочком, мерзнет. Осыпан блеском. Я его держал недавно, трогал пальцем. Бумажный Ангел. Ну, карточка... осыпан блеском, снежком как будто. Бедный, мерзнет. Никто его не покупает: дорогой. Прижался к стеклышку и мерзнет.

Идешь из церкви. Все — другое. Снег — святой. И звезды — святые, новые, рождественские звезды. Рождество! Посмотришь в небо. Где же она, та давняя звезда, которая волхвам явилась? Вот она: над Барминихиным двором, над садом! Каждый год — над этим садом, низко. Она голубоватая, святая. Бывало, думал: «Если к ней идти — придешь туда. Вот, прийти бы... и поклониться вместе с пастухами Рождеству!

Он — в яслях, в маленькой кормушке, как в конюшне... Только не дойдешь, мороз, замерзнешь!» Смотришь, смотришь — и думаешь: «Волсви же со звездою путеше-эствуют!..»

Волсви?.. Значит — мудрецы, волхвы. А, маленький, я думал — волки. Тебе смешно? Да, добрые такие волки, — думал. Звезда ведет их, а они идут, притихли. Маленький Христос родился, и даже волки добрые теперь. Даже и волки рады. Правда, хорошо ведь? Хвосты у них опущены. Идут, поглядывают на звезду. А та ведет их. Вот и привела. Ты видишь, Ивушка? А ты зажмурься... Видишь — кормушка, с сеном, светлый-светлый мальчик, ручкой манит?.. Да, и волков... всех манит. Как я хотел увидеть!.. Овцы там, коровы, голуби взлетают по стропилам...

и пастухи, склонились... и цари, волхвы... И вот, подходят волки. Их у нас в России много!.. Смотрят, а войти боятся. Почему боятся? А стыдно им... злые такие были. Ты спрашиваешь — впустят? Ну конечно, впустят. Скажут: ну, и вы входите, нынче Рождество! И звезды... все звезды там, у входа, толпятся, светят... Кто, волки? Ну конечно, рады.

Бывало, гляжу и думаю: прощай, до будущего Рождества! Ресницы смерзлись, а от звезды все стрелки, стрелки...

Зайдешь к Бушую. Это у нас была собака, лохматая, большая, в конуре жила. Сено там у неё, тепло ей. Хочется сказать Бушую, что Рождество, что даже волки добрые теперь и ходят со звездой... Крикнешь в конуру: «Бушуйка!» Цепью загремит,

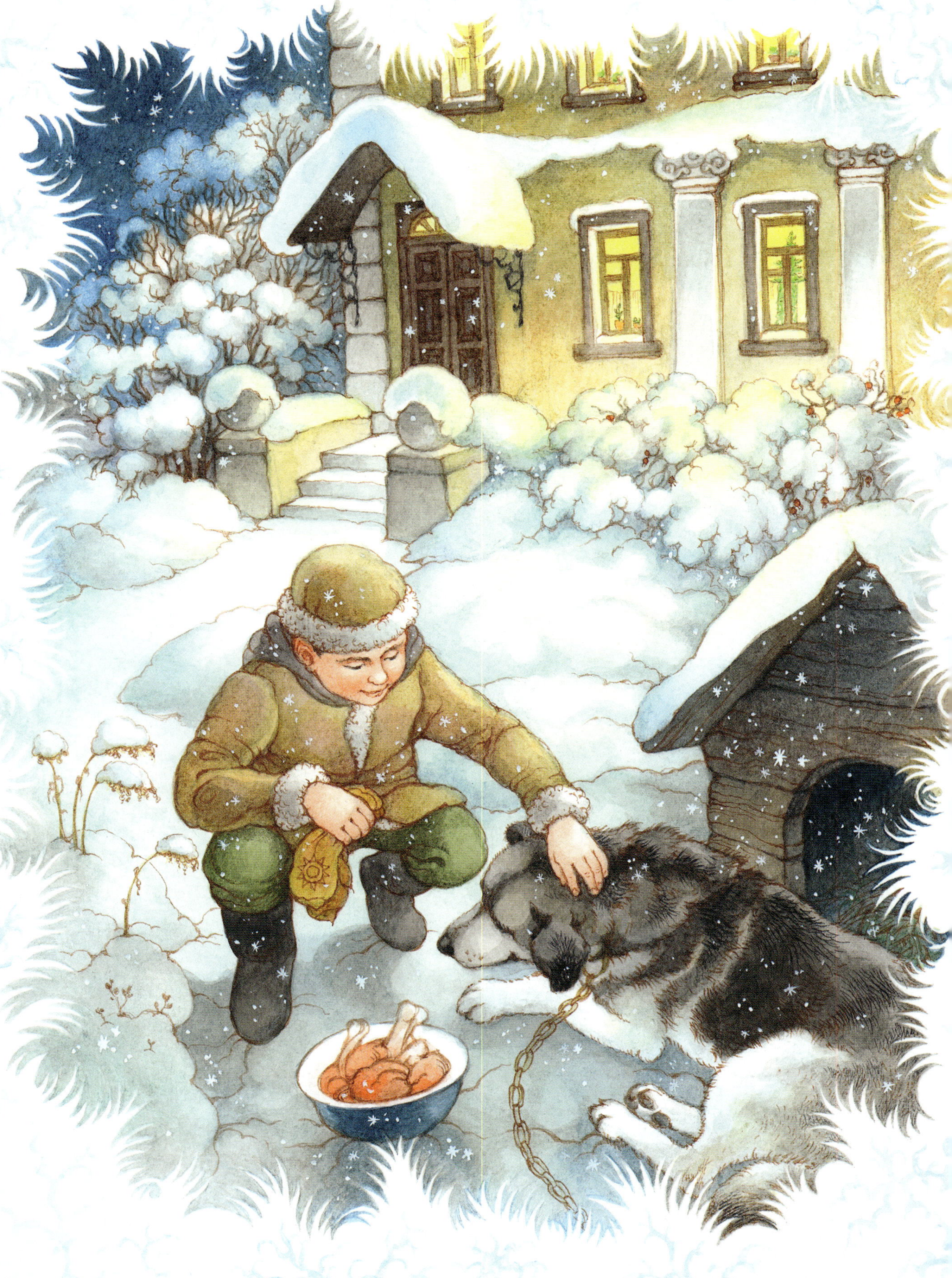

проснется, фыркнет, посунет мордой, — добрый, мягкий. Полижет руку, будто скажет: да, Рождество. И — на душе тепло, от счастья.

Мечтаешь: Святки, елка, в театр поедем... Народу сколько завтра будет! Плотник Семен кирпичиков мне принесет и чурбачков, чудесно они пахнут елкой!.. Придет и моя кормилка Настя, сунет апельсинчик и будет целовать и плакать, скажет: «Выкормочек мой... растешь...» Подбитый Барин придет еще, такой смешной. Ему дадут стаканчик водки. Будет махать бумажкой, так смешно. С длинными усами, в красном картузе, а под глазами «фонари». И будет говорить стихи. Я помню:

> И пусть ничто-с за этот Праздник
> Не омрачает торжества!
> Поднес почтительно-с проказник
> В сей день Христова Рождества!

В кухне на полу рогожи, пылает печь. Теплится лампадка. На лавке, в окоренке оттаивает поросенок, весь в морщинках, индюшка серебрится от морозца. И непременно загляну за печку, где плита: стоит?.. Только под Рождество бывает. Огромная, во всю плиту, — свинья! Ноги у ней подрублены, стоит на четырех култышках, рылом в кухню. Только сейчас втащили, — блестит морозцем, уши не обвисли. Мне радостно и жутко: в глазах намерзло, сквозь беловатые ресницы смотрит... Кучер говорил: «Велено их есть на Рождество, за наказание! Не давала спать Младенцу, все хрюкала. Потому и называется — свинья! Он ее хотел погладить, а она, свинья, щетинкой Ему ручку уколола!» Смотрю я долго. В черном рыле — оскаленные зубки, «пятак», как плошка. А вдруг соскочит и загрызет?.. Как-то она загромыхала ночью, напугала.

И в доме — Рождество. Пахнет натертыми полами, мастикой, елкой. Лампы не горят, а все лампадки. Печки трещат-пылают. Тихий свет, святой. В холодном зале таинственно темнеет елка, еще пустая, — другая, чем на рынке. За ней чуть брезжит алый огонек лампадки, — звездочки, в лесу как будто... А завтра!..

А вот и — завтра. Такой мороз, что все дымится. На стеклах наросло буграми. Солнце над Барминихиным двором — в дыму, висит пунцовым шаром. Будто и оно дымится. От него столбы в зеленом небе. Водовоз подъехал в скрипе. Бочка вся в хрустале и треске. И она дымится, и лошадь вся седая. Вот мороз!..

Топотом шумят в передней. Мальчишки, славить... Все мои друзья: сапожниковы, скорнячата. Впереди Зола, тощий, кривой сапожник, очень злой, выщипывает за вихры мальчишек. Но сегодня добрый. Всегда он водит славить. Мишка Драп несет звезду на палке — картонный домик: светятся окошки из бумажек, пунцовые и золотые, — свечка там. Мальчишки шмыгают носами, пахнут снегом.

— Волхи же со Звездою питушествуют! — весело говорит Зола.

> Волхов приючайте,
> Святое стречайте,
> Пришло Рождество,
> Начинаем торжество!
> С нами Звезда идет,
> Молитву поет...

Он взмахивает черным пальцем, и начинают хором:

> Рождество Твое, Христе Боже наш...

Совсем не похоже на Звезду, но все равно. Мишка Драп машет домиком, показывает, как Звезда кланяется Солнцу Правды. Васька, мой друг, сапожник, несет огромную розу из бумаги и все на нее смотрит. Мальчишка портного Плешкин в золотой короне, с картонным мечом серебряным.

— Это у нас будет царь Кастинкин, который царю Ироду голову отсекает! — говорит Зола. — Сейчас будет святое приставление! — Он схватывает Драпа за голову и устанавливает, как стул. — А кузнечонок у нас царь Ирод будет!

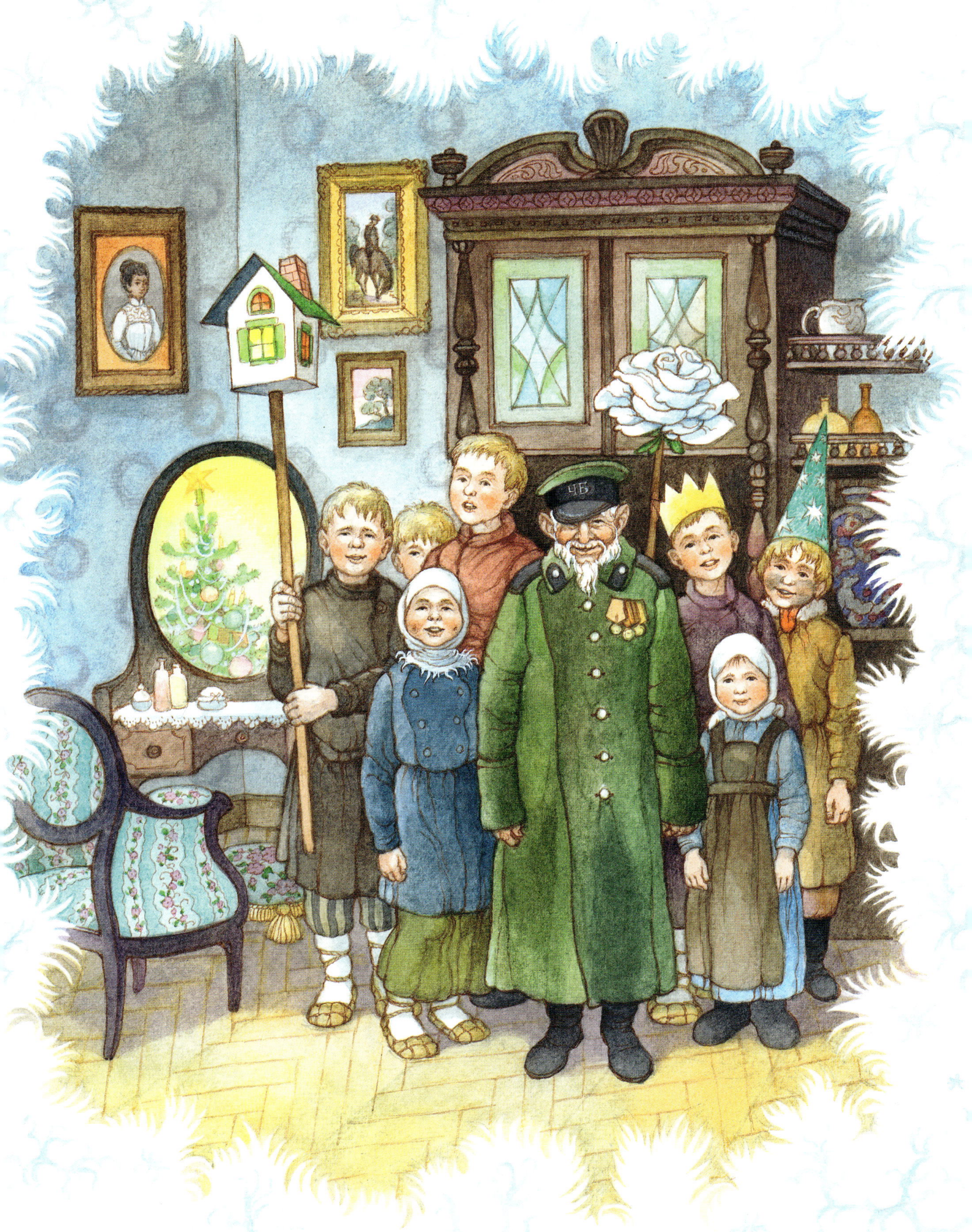
ЧБ

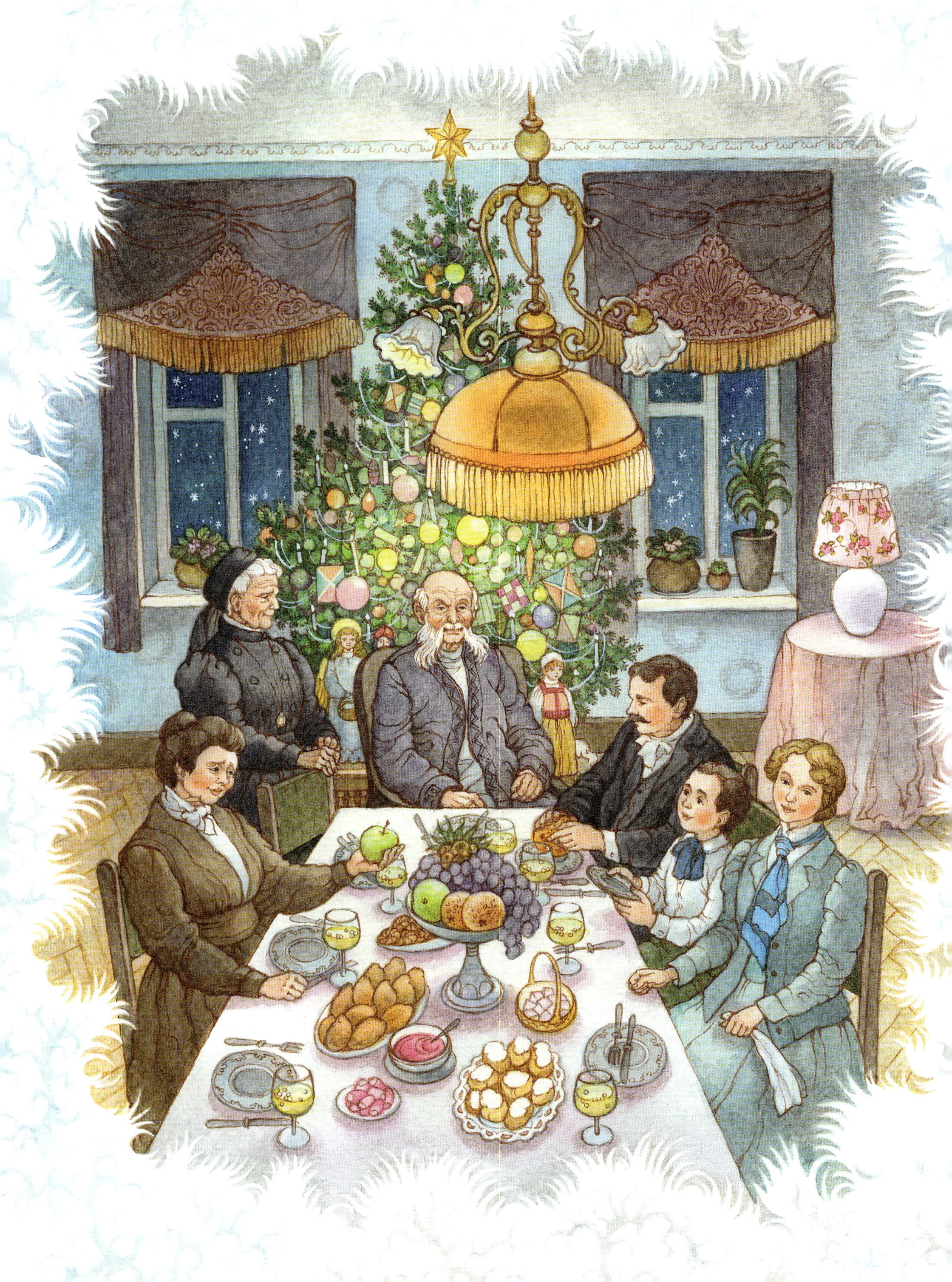

Зола схватывает вымазанного сажей кузнечонка и ставит на другую сторону. Под губой кузнечонка привешен красный язык из кожи, на голове зеленый колпак со звездами.

— Подымай меч выше! — кричит Зола. — А ты, Степка, зубы оскаль страшней! Это я от бабушки еще знаю, от старины!

Плешкин взмахивает мечом. Кузнечонок страшно ворочает глазами и скалит зубы. И все начинают хором:

> Приходили вол-хи,
> Приносили бол-хи,
> Приходили вол-хари,
> Приносили бол-хари.
> Ирод ты Ирод,
> Чего ты родился,
> Чего не хрестился,
> Я царь Ка-стинкин,
> Маладенца люблю,
> Тебе голову срублю!

Плешкин хватает черного Ирода за горло, ударяет мечом по шее, и Ирод падает, как мешок. Драп машет над ним домиком. Васька подает царю Кастинкину розу. Зола говорит скороговоркой:

— Издох царь Ирод поганой смертью, а мы Христа славим-носим, у хозяев ничего не просим, а чего накладут — не бросим!

Им дают желтый бумажный рублик и по пирогу с ливером, а Золе подносят и зеленый стаканчик водки. Он утирается седой бородкой и обещает зайти вечерком спеть про Ирода «подлинней», но никогда почему-то не приходит.

Позванивает в парадном колокольчик и будет звонить до ночи. Приходит много людей поздравить. Перед иконой поют священники, и огромный дьякон вскрикивает так страшно, что у меня вздрагивает в груди. И вздрагивает все на елке, до серебряной звездочки наверху.

Приходят-уходят люди с красными лицами, в белых воротничках, пьют у стола и крякают.

Гремят трубы в сенях. Сени деревянные, промерзшие. Такой там грохот, словно разбивают стекла. Это — «последние люди», музыканты, пришли поздравить.

— Береги шубы! — кричат в передней.

Впереди выступает длинный, с красным шарфом на шее. Он с громадной медной трубой и так в нее дует, что делается страшно, как бы не выскочили и не разбились его глаза. За ним толстенький, маленький, с огромным прорванным барабаном. Он так колотит в него култышкой, словно хочет его разбить. Все затыкают уши, но музыканты играют и играют.

Вот уже и проходит день. Вот уж и елка горит — и догорает. В черные окна блестит мороз. Я дремлю. Где-то гармоника играет, топотанье... должно быть, в кухне.

В детской горит лампадка. Красные языки из печки прыгают на замерзших окнах. За ними — звезды. Светит большая звезда над Барминихиным садом, но это совсем другая. А та, Святая, ушла. До будущего года...

Н. Лесков

Неразменный рубль

Глава первая

Есть поверье, будто волшебными средствами можно получить неразменный рубль, то есть такой рубль, который, сколько раз его ни выдавай, он все-таки опять является целым в кармане. Но для того чтобы добыть такой рубль, нужно претерпеть большие страхи. Всех их я не помню, но знаю, что, между прочим, надо взять черную, без одной отметины кошку и нести ее продавать рождественскою ночью на перекресток четырех дорог, из которых притом одна непременно должна вести к кладбищу.

Здесь надо стать, пожать кошку посильнее, так, чтобы она замяукала, и зажмурить глаза. Все это надо сделать за несколько минут перед полночью, а в самую полночь придет кто-то и станет торговать кошку. Покупщик будет давать за бедного зверька очень много денег, но продавец должен требовать непременно только рубль, — ни больше, ни меньше, как один серебряный рубль. Покупщик будет навязывать более, но надо настойчиво требовать рубль, и когда наконец этот рубль будет дан, тогда его надо положить в карман и держать рукою, а самому уходить как можно скорее и не оглядываться. Этот рубль и есть неразменный, или безрасходный, — то есть сколько ни отдавайте его в уплату за что-нибудь — он все-таки опять является в кармане. Чтобы заплатить, например, сто рублей, надо только сто раз опустить руку в карман и оттуда всякий раз вынуть рубль.

Конечно, это поверье пустое и нестаточное; но есть простые люди, которые склонны верить, что неразменные рубли действительно можно добывать. Когда я был маленьким мальчиком, и я тоже этому верил.

Глава вторая

Раз, во время моего детства, няня, укладывая меня спать в рождественскую ночь, сказала, что у нас теперь на деревне очень многие не спят, а гадают, рядятся, ворожат и, между прочим, добывают себе «неразменный рубль». Она распространилась на тот счет, что людям, которые пошли добывать неразменный рубль, теперь всех страшнее, потому что они должны лицом к лицу встретиться с дьяволом на далеком распутье и торговаться с ним за черную кошку; но зато их ждут и самые большие радости... Сколько можно накупить прекрасных вещей за беспереводный рубль! Что бы я наделал, если бы мне попался такой рубль! Мне тогда было всего лет восемь, но я уже побывал в своей жизни в Орле и в Кромах и знал некоторые превосходные произведения русского искусства, привозимые купцами к нашей приходской церкви на рождественскую ярмарку.

Я знал, что на свете бывают пряники, желтые, с патокою, и белые пряники — с мятой, бывают столбики и сосульки, бывает такое лакомство, которое называется «резь», или «лапша», или еще проще — «шмотья», бывают орехи, простые и каленые; а для богатого кармана привозят и изюм, и финики. Кроме того, я видал картины с генералами и множество других вещей, которых я не мог всех перекупить, потому что мне давали на мои расходы простой серебряный рубль, а не беспереводный. Но няня нагнулась надо мною и прошептала, что нынче это будет иначе, потому что беспереводный рубль есть у моей бабушки, и она решила подарить его мне, но только я должен быть очень осторожен, чтобы не лишиться этой чудесной монеты, потому что она имеет одно волшебное, очень капризное свойство.

— Какое? — спросил я.

— А это тебе скажет бабушка. Ты спи, а завтра, как проснешься, бабушка принесет тебе неразменный рубль и скажет, как надо с ним обращаться.

Обольщенный этим обещанием, я постарался заснуть в ту же минуту, чтобы ожидание неразменного рубля не было томительно.

Глава третья

Няня меня не обманула: ночь пролетела как краткое мгновение, которого я и не заметил, и бабушка уже стояла над моей кроваткою в своем большом чепце с рюшевыми мармотками и держала в своих белых руках новенькую, чистую серебряную монету, отбитую в самом полном и превосходном калибре.

— Ну, вот тебе беспереводный рубль, — сказала она. — Бери его и поезжай в церковь. После обедни мы, старики, зайдем к батюшке, отцу Василию, пить чай, а ты один — совершенно один — можешь идти на ярмарку и покупать все, что ты сам захочешь. Ты сторгуешь вещь, опустишь руку в карман и выдашь свой рубль, а он опять очутится в твоем же кармане.

— Да, — говорю, — я уже все это знаю.

А сам зажал рубль в ладонь и держу его как можно крепче. А бабушка продолжает:

— Рубль возвращается, это правда. Это его хорошее свойство; его также нельзя и потерять, но зато у него есть другое свойство, очень невыгодное: неразменный рубль не переведется в твоем кармане до тех пор, пока ты будешь покупать на него вещи, тебе или другим людям нужные или полезные, но если раз ты изведешь хоть один грош на полную бесполезность — твой рубль в то же мгновение исчезнет.

— О, — говорю, — бабушка, я вам очень благодарен, что вы мне это сказали, но поверьте, я уж не так мал, чтобы не понять, что на свете полезно и что бесполезно.

Бабушка покачала головою и, улыбаясь, сказала, что она сомневается, но я ее уверил, что знаю, как надо жить при богатом положении.

— Прекрасно, — сказала бабушка, — но, однако, ты все-таки хорошенько помни, что я тебе сказала.

— Будьте покойны. Вы увидите, что я приду к отцу Василию и принесу на загляденье прекрасные покупки, а рубль мой будет цел у меня в кармане.

— Очень рада, — посмотрим. Но ты все-таки не будь самонадеян: помни, что отличить нужное от пустого и излишнего вовсе не так легко, как ты думаешь.

— В таком случае не можете ли вы походить со мною по ярмарке?

Бабушка на это согласилась, но предупредила меня, что она не будет иметь возможности дать мне какой бы то ни было совет или остановить меня от увлечения и ошибки, потому что тот, кто владеет беспереводным рублем, не может ни от кого ожидать советов, а должен руководиться своим умом.

— О, моя милая бабушка, — отвечал я, — вам и не будет надобности давать мне советы, — я только взгляну на ваше лицо и прочитаю в ваших глазах все, что мне нужно.

— В таком разе идем. — И бабушка послала девушку сказать отцу Василию, что она придет к нему позже, а пока мы отправились с нею на ярмарку.

Глава четвертая

Погода была хорошая, — умеренный морозец с маленькой влажностью; в воздухе пахло крестьянской белой онучею, лыком, пшеном и овчиной. Народу много, и все разодеты в том, что у кого есть лучшего. Мальчики из богатых семей все получили от отцов на свои карманные расходы по грошу и уже истратили эти капиталы на приобретение глиняных свистулек, на которых задавали самый бедовый концерт. Бедные ребятишки, которым грошей не давали, стояли под плетнем и только завистливо облизывались. Я видел, что им тоже хотелось бы овладеть подобными же музыкальными инструментами, чтобы слиться всей душою в общей гармонии, и... я посмотрел на бабушку...

Глиняные свистульки не составляли необходимости и даже не были полезны, но лицо моей бабушки не выражало ни малейшего порицания моему намерению купить всем бедным детям по свистульке. Напротив, доброе лицо старушки выражало даже удовольствие, которое я принял за одобрение; я сейчас же опустил мою руку в карман, достал оттуда мой неразменный рубль и купил целую коробку свистулек, да еще мне подали с него несколько сдачи. Опуская сдачу в карман, я ощупал рукою, что мой неразменный рубль целехонек и уже опять лежит там, как было до покупки. А между тем все ребятишки получили по свистульке, и самые бедные из них вдруг сделались так же счастливы, как и богатые, и засвистали во всю свою силу, а мы с бабушкой пошли дальше, и она мне сказала:

— Ты поступил хорошо, потому что бедным детям надо играть и резвиться, и кто может сделать им какую-нибудь радость, тот напрасно не спешит воспользоваться своею возможностью. И в доказательство, что я права, опусти еще раз свою руку в карман и попробуй, где твой неразменный рубль?

Я опустил руку, и... мой неразменный рубль был в моем кармане.

«Ага, — подумал я, — теперь я уже понял, в чем дело, и могу действовать смелее».

Глава пятая

Я подошел к лавочке, где были ситцы и платки, и накупил всем нашим девушкам по платью, кому розовое, кому голубое, а старушкам по малиновому головному платку; и каждый раз, что я опускал руку в карман, чтобы заплатить деньги, — мой неразменный рубль все был на своем месте. Потом я купил для ключницыной дочери, которая должна была выйти замуж, две сердоликовые запонки и, признаться, сробел, но бабушка по-прежнему смотрела хорошо, и мой рубль после этой покупки тоже преблагополучно оказался в моем кармане.

— Невесте идет принарядиться, — сказала бабушка. — Это памятный день в жизни каждой девушки, и это очень похвально, чтобы ее обрадовать, — от радости всякий человек бодрее выступает на новый путь жизни, а от первого шага много зависит. Ты сделал очень хорошо, что обрадовал бедную невесту.

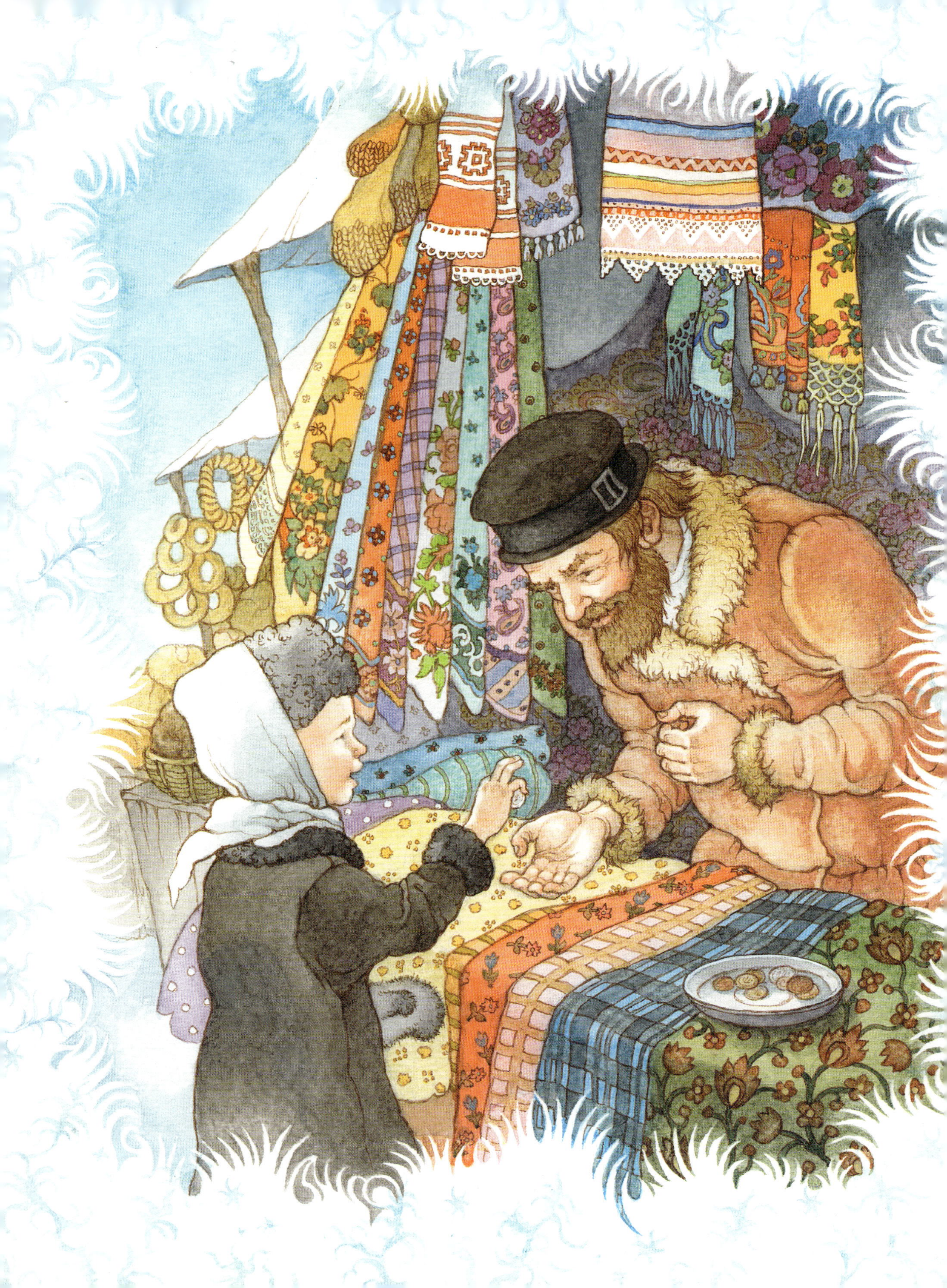

Потом я купил и себе очень много сластей и орехов, а в другой лавке взял большую книгу «Псалтырь», такую точно, какая лежала на столе у нашей скотницы. Бедная старушка очень любила эту книгу, но книга тоже имела несчастье прийтись по вкусу племенному теленку, который жил в одной избе со скотницей. Теленок по своему возрасту имел слишком много свободного времени и занялся тем, что в счастливый час досуга отжевал углы у всех листов «Псалтыря». Бедная старушка была лишена удовольствия читать и петь псалмы, в которых она находила для себя утешение, и очень об этом скорбела.

Я был уверен, что купить для нее новую книгу вместо старой было не пустое и не излишнее дело, и это именно так и было: когда я снова опустил руку в карман — мой рубль был снова на своем месте.

Я стал покупать шире и больше, — я брал все, что, по моим соображениям, было нужно, и накупил даже вещи слишком рискованные, — так, например, нашему молодому кучеру Константину я купил наборный поясной ремень, а веселому башмачнику Егорке — гармонию. Рубль, однако, все был дома, а на лицо бабушки я уже не смотрел и не допрашивал ее выразительных взоров. Я сам был центр всего, — на меня все смотрели, за мною все шли, обо мне говорили.

— Смотрите, каков наш барчук Миколаша! Он один может скупить целую ярмарку, у него, знать, есть неразменный рубль.

И я почувствовал в себе что-то новое и до тех пор незнакомое. Мне хотелось, чтобы все обо мне знали, все за мною ходили и все обо мне говорили — как я умен, богат и добр.

Мне стало беспокойно и скучно.

Глава шестая

А в это самое время, — откуда ни возьмись, — ко мне подошел самый пузатый из всех ярмарочных торговцев и, сняв картуз, стал говорить:

— Я здесь всех толще и всех опытнее, и вы меня не обманете. Я знаю, что вы можете купить все, что есть на этой ярмарке, потому что у вас есть неразменный рубль. С этим не штука удивлять весь приход, но, однако, есть кое-что такое, чего вы и за этот рубль не можете купить.

— Да, если это будет вещь ненужная, так я ее, разумеется, не куплю.

— Как это «ненужная»? Я вам не стал бы и говорить про то, что не нужно. А вы обратите внимание на то, кто окружает нас с вами, несмотря на то, что у вас есть неразменный рубль. Вот вы себе купили только сластей да орехов, а то вы все покупали полезные вещи для других, но вон как эти другие помнят ваши благодеяния: вас уж теперь все позабыли.

Я посмотрел вокруг себя и, к крайнему моему удивлению, увидел, что мы с пузатым купцом стоим, действительно, только вдвоем, а вокруг нас ровно никого нет. Бабушки тоже не было, да я о ней и забыл, а вся ярмарка отвалила в сторону и окружила какого-то длинного, сухого человека, у которого поверх полушубка был надет длинный полосатый жилет, а на нем нашиты стекловидные пуговицы, от которых, когда он поворачивался из стороны в сторону, исходило слабое, тусклое блистание.

Это было все, что длинный, сухой человек имел в себе привлекательного, и, однако, за ним все шли и все на него смотрели, как будто на самое замечательное произведение природы.

— Я ничего не вижу в этом хорошего, — сказал я моему новому спутнику.

— Пусть так, но вы должны видеть, как это всем нравится. Поглядите, за ним ходят даже и ваш кучер Константин с его щегольским ремнем, и башмачник Егорка с его гармонией, и невеста с запонками, и даже старая скотница с ее новой книжкою. А о ребятишках с свистульками уже и говорить нечего.

Я осмотрелся, и в самом деле все эти люди действительно окружали человека с стекловидными пуговицами, и все мальчишки на своих свистульках пищали про его славу.

Во мне зашевелилось чувство досады. Мне показалось всё это ужасно обидно, и я почувствовал долг и призвание стать выше человека со стекляшками.

— И вы думаете, что я не могу сделаться больше его?

— Да, я это думаю, — отвечал пузан.

— Ну, так я же сейчас вам докажу, что вы ошибаетесь! — воскликнул я и, быстро подбежав к человеку в жилете поверх полушубка, сказал: — Послушайте, не хотите ли вы продать мне ваш жилет?

Глава седьмая

Человек со стекляшками повернулся перед солнцем, так что пуговицы на его жилете издали тусклое блистание, и отвечал:

— Извольте, я вам его продам с большим удовольствием, но только это очень дорого стоит.

— Прошу вас не беспокоиться и скорее сказать мне вашу цену за жилет.

Он очень лукаво улыбнулся и молвил:

— Однако вы, я вижу, очень неопытны, как и следует быть в вашем возрасте, — вы не понимаете, в чем дело. Мой жилет ровно ничего не стоит, потому что он не светит и не греет, и потому я его отдаю вам даром, но вы мне заплатите по рублю за каждую нашитую на нем стекловидную пуговицу, потому что эти пуговицы хотя тоже не светят и не греют, но они могут немножко блестеть на минутку, и это всем очень нравится.

— Прекрасно, — отвечаю я, — я даю вам по рублю за каждую вашу пуговицу. Снимайте скорее ваш жилет.

— Нет, прежде извольте отсчитать деньги.

— Хорошо.

Я опустил руку в карман и достал оттуда один рубль, потом снова опустил руку во второй раз, но... карман мой был пуст... Мой неразменный рубль уже не возвратился... он пропал... он исчез... его не было, и на меня все смотрели и смеялись.

Я горько заплакал и... проснулся...

Глава восьмая

Было утро; у моей кроватки стояла бабушка, в ее большом белом чепце с рюшевыми мармотками, и держала в руке новенький серебряный рубль, составлявший обыкновенный рождественский подарок, который она мне дарила.

Я понял, что все виденное мною происходило не наяву, а во сне, и поспешил рассказать, о чем я плакал.

— Что же, — сказала бабушка, — сон твой хорош, особенно если ты захочешь понять его как следует. В баснях и сказках часто бывает сокрыт особый, затаенный смысл. Неразменный рубль, по-моему, это талант, который провидение дает человеку при его рождении. Талант развивается и крепнет, когда человек сумеет сохранить в себе бодрость и силу на распутье четырех дорог, из которых с одной всегда должно быть видно кладбище. Неразменный рубль — это есть сила, которая может служить истине и добродетели на пользу людям, в чем для человека с добрым сердцем и ясным умом заключается самое высшее удовольствие. Все, что он сделает для истинного счастья своих ближних, никогда не убавит его духовного богатства, а напротив — чем он более черпает из своей души, тем она становится богаче. Человек в жилетке сверх теплого полушубка — есть суета, потому что жилет сверх полушубка не нужен, как не нужно и то, чтобы за нами ходили и нас прославляли. Суета затемняет ум. Сделавши кое-что — очень

немногое в сравнении с тем, что бы ты мог еще сделать, владея безрасходным рублем, — ты уже стал гордиться собою и отвернулся от меня, которая для тебя в твоем сне изображала опыт жизни. Ты начал уже хлопотать не о добре для других, а о том, чтобы все на тебя глядели и тебя хвалили. Ты захотел иметь ни на что не нужные стекляшки — и рубль твой растаял. Этому так и следовало быть, и я за тебя очень рада, что ты получил такой урок во сне. Я очень бы желала, чтобы этот рождественский сон у тебя остался в памяти. А теперь поедем в церковь и после обедни купим все то, что ты покупал для бедных людей в твоем сновидении.

— Кроме одного, моя дорогая.

Бабушка улыбнулась и сказала:

— Ну конечно, я знаю, что ты уже не купишь жилета с стекловидными пуговицами.

— Нет, я не куплю также и лакомств, которые я покупал во сне для самого себя.

Бабушка подумала и сказала:

— Я не вижу нужды, чтобы ты лишил себя этого маленького удовольствия, но... если ты желаешь за это получить гораздо большее счастье, то... я тебя понимаю.

И вдруг мы с нею оба обнялись и, ничего более не говоря друг другу, оба заплакали. Бабушка отгадала, что я хотел все мои маленькие деньги извести в этот день не для себя. И когда это мною было сделано, то сердце мое исполнилось такою радостию, какой я не испытывал до того еще ни одного раза. В этом лишении себя маленьких удовольствий для пользы других я впервые испытал то, что люди называют увлекательным словом — полное счастие, при котором ничего больше не хочешь.

Каждый может испробовать сделать в своем нынешнем положении мой опыт, и я уверен, что он найдет в словах моих не ложь, а истинную правду.

П. Бажов

Серебряное копытце

Жил в нашем заводе старик один, по прозвищу Кокованя. Семьи у Кокованя не осталось, он и придумал взять в дети сиротку. Спросил у соседей, — не знают ли кого, а соседи и говорят:

— Недавно на Глинке осиротела семья Григория Потопаева. Старших-то девчонок приказчик велел в барскую рукодельню взять, а одну девчоночку по шестому году никому не надо. Вот ты и возьми ее.

— Несподручно мне с девчонкой-то. Парнишечко бы лучше. Обучил бы его своему делу, пособника бы ростить стал. А с девчонкой как? Чему я ее учить-то стану?

Потом подумал-подумал и говорит:

— Знавал я Григорья, да и жену его тоже. Оба веселые да ловкие были. Если девчоночка по родителям пойдет, не тоскливо с ней в избе будет. Возьму ее. Только пойдет ли?

Соседи объясняют:

— Плохое житье у нее. Приказчик избу Григорьеву отдал какому-то горюну и велел за это сиротку кормить, пока не подрастет. А у того своя семья больше десятка. Сами не досыта едят. Вот хозяйка и взъедается на сиротку, попрекает ее куском-то. Та хоть маленькая, а понимает. Обидно ей. Как не пойдет от такого житья! Да и уговоришь, поди-ко.

— И то правда, — отвечает Кокованя, — уговорю как-нибудь.

В праздничный день и пришел он к тем людям, у кого сиротка жила. Видит, полна изба народу, больших и маленьких. На голбчике, у печки, девчоночка сидит, а рядом с ней кошка бурая. Девчоночка маленькая, и кошка маленькая и до того худая да ободранная, что редко кто такую в избу пустит. Девчоночка эту кошку гладит, а она до того звонко мурлычет, что по всей избе слышно.

Поглядел Кокованя на девчоночку и спрашивает:

— Это у вас Григорьева-то подаренка?

Хозяйка отвечает:

— Она самая. Мало одной-то, так еще кошку драную где-то подобрала. Отогнать не можем. Всех моих ребят перецарапала, да еще корми ее!

Кокованя и говорит:

— Неласковые, видно, твои ребята. У ней вон мурлычет.

Потом и спрашивает у сиротки:

— Ну как, подаренушка, пойдешь ко мне жить?

Девчоночка удивилась:

— Ты, дедо, как узнал, что меня Дарёнкой зовут?

— Да так, — отвечает, — само вышло. Не думал, не гадал, нечаянно попал.

— Ты хоть кто? — спрашивает девчоночка.

— Я, — говорит, — вроде охотника. Летом пески промываю, золото добываю, а зимой по лесам за козлом бегаю да все увидеть не могу.

— Застрелишь его?

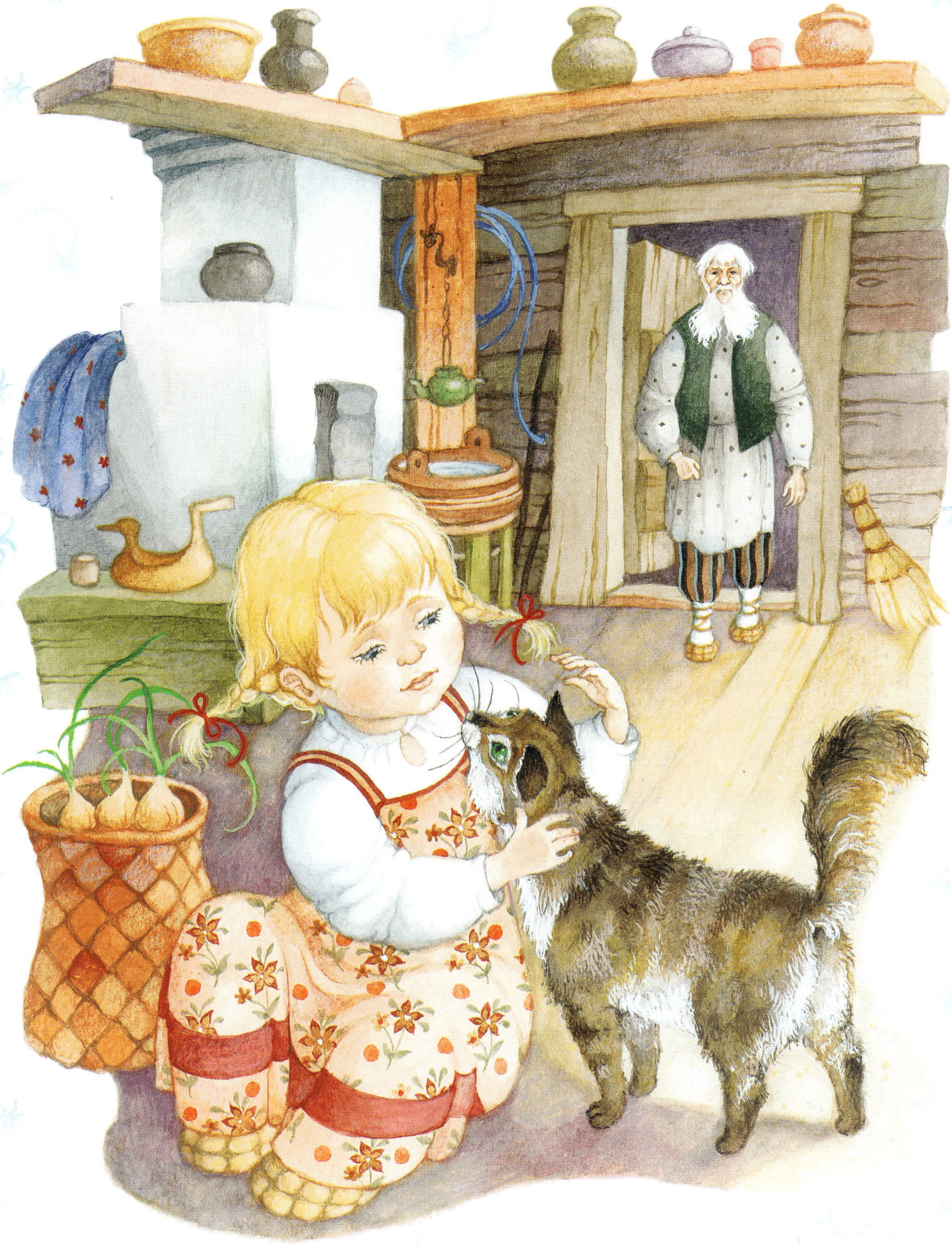

— Нет, — отвечает Кокованя. — Простых козлов стреляю, а этого не стану. Мне посмотреть охота, в котором месте он правой передней ножкой топнет.

— Тебе на что это?

— А вот пойдёшь ко мне жить, так все и расскажу, — ответил Кокованя.

Девчоночке любопытно стало про козла-то узнать. И то видит — старик весёлый да ласковый. Она и говорит:

— Пойду. Только ты эту кошку Мурёнку тоже возьми. Гляди, какая хорошая.

— Про это, — отвечает Кокованя, — что и говорить. Такую звонкую кошку не взять — дураком остаться. Вместо балалайки она у нас в избе будет.

Хозяйка слышит их разговор. Рада-радёхонька, что Кокованя сиротку к себе зовёт. Стала скорей Дарёнкины пожитки собирать. Боится, как бы старик не передумал.

Кошка будто тоже понимает весь разговор. Трётся у ног-то да мурлычет:

— Пр-равильно придумал. Пр-равильно.

Вот и повёл Кокованя сиротку к себе жить.

Сам большой да бородатый, а она маханькая и носишко пуговкой. Идут по улице, и кошчонка ободранная за ними попрыгивает.

Так и стали жить вместе дед Кокованя, сиротка Дарёнка да кошка Мурёнка. Жили-поживали, добра много не наживали, а на житьё не плакались, и у всякого дело было.

Кокованя с утра на работу уходил. Дарёнка в избе прибирала, похлёбку да кашу варила, а кошка Мурёнка на охоту ходила — мышей ловила. К вечеру соберутся, и весело им.

Старик был мастер сказки сказывать, Дарёнка любила те сказки слушать, а кошка Мурёнка лежит да мурлычет:

— Пр-равильно говорит. Пр-равильно.

Только после всякой сказки Дарёнка напомнит:

— Дедо, про козла-то скажи. Какой он?

Кокованя отговаривался сперва, потом и рассказал:

— Тот козёл особенный. У него на правой передней ноге серебряное копытце. В каком месте топнет этим копытцем — там и появится дорогой камень. Раз топнет — один камень, два топнет — два камня, а где ножкой бить станет — там груда дорогих камней.

Сказал это, да и не рад стал. С той поры у Дарёнки только и разговору что об этом козле.

— Дедо, а он большой?

Рассказал ей Кокованя, что ростом козёл не выше стола, ножки тоненькие, головка легонькая.

А Дарёнка опять спрашивает:

— Дедо, а рожки у него есть?

— Рожки-то, — отвечает, — у него отменные. У простых козлов на две веточки, а у него на пять веток.

— Дедо, а он кого ест?

— Никого, — отвечает, — не ест. Травой да листом кормится. Ну, сено тоже зимой в стожках подъедает.

— Дедо, а шерстка у него какая?

— Летом, — отвечает, — буренькая, как вот у Мурёнки нашей, а зимой серенькая.

— Дедо, а он душно́й?

Кокованя даже рассердился:

— Какой же душно́й! Это домашние козлы такие бывают, а лесной козёл, он лесом и пахнет.

Стал осенью Кокованя в лес собираться. Надо было ему поглядеть, в которой стороне козлов больше пасётся. Дарёнка и давай проситься:

— Возьми меня, дедо, с собой. Может, я хоть сдалека того козлика увижу.

Кокованя и объясняет ей:

— Сдалека-то его не разглядишь. У всех козлов осенью рожки есть. Не разберёшь, сколько у них веток. Зимой вот — дело другое. Простые козлы безрогие ходят, а этот, Серебряное копытце, всегда с рожками, хоть летом, хоть зимой. Тогда его сдалека признать можно.

Этим и отговорился. Осталась Дарёнка дома, а Кокованя в лес ушёл.

Дней через пять воротился Кокованя домой, рассказывает Дарёнке:

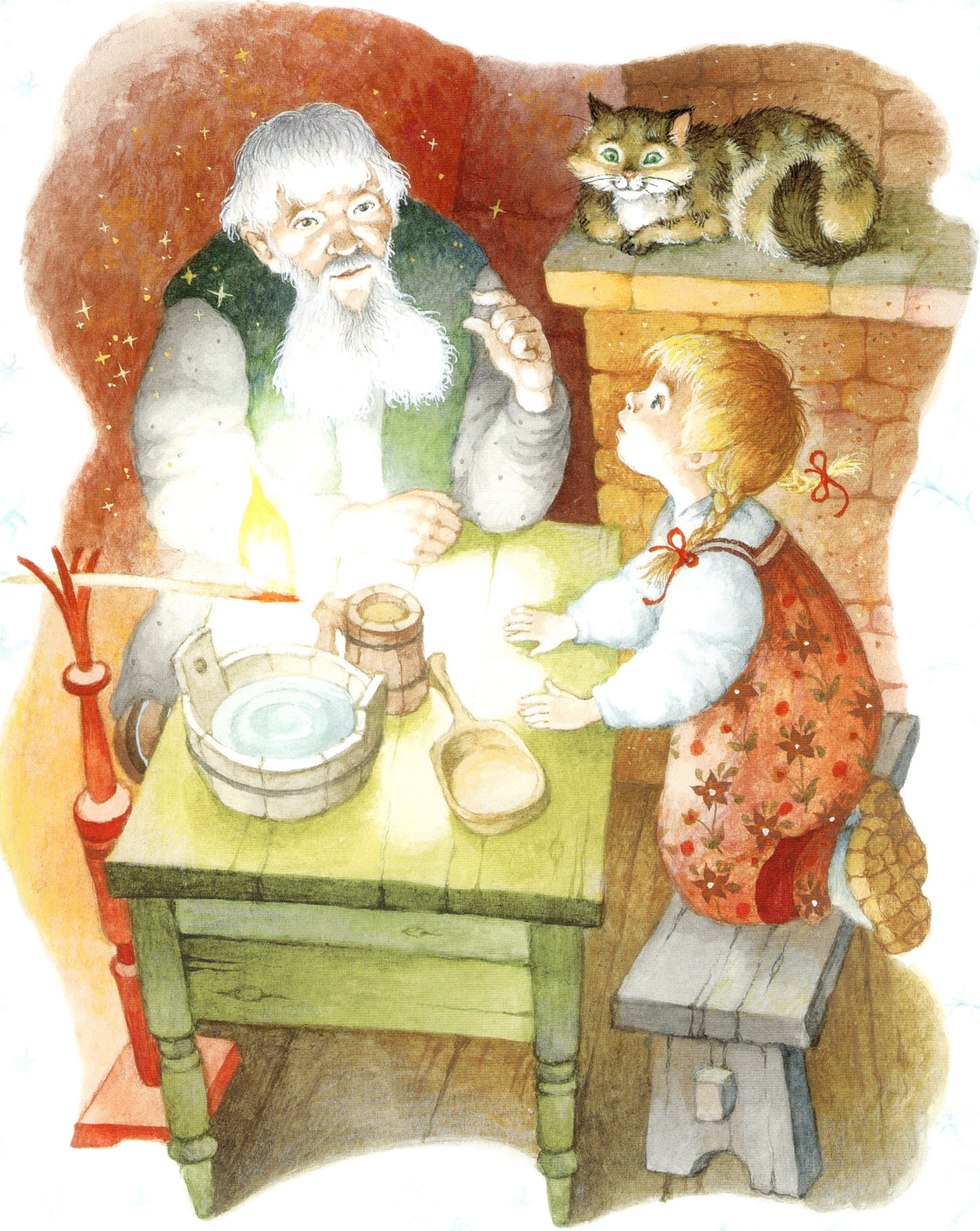

— Ныне в Полдневской стороне много козлов пасётся. Туда и пойду зимой.

— А как же, — спрашивает Дарёнка, — зимой-то в лесу ночевать станешь?

— Там, — отвечает, — у меня зимний балаган у покосных ложков поставлен. Хороший балаган, с очагом, с окошечком. Хорошо там.

Дарёнка опять спрашивает:

— Серебряное копытце в той же стороне пасётся?

— Кто его знает. Может, и он там.

Дарёнка тут и давай проситься:

— Возьми меня, дедо, с собой. Я в балагане сидеть буду. Может, Серебряное копытце близко подойдёт, — я и погляжу.

Старик сперва руками замахал:

— Что ты! Что ты! Статочное ли дело зимой по лесу маленькой девчонке ходить! На лыжах ведь надо, а ты не умеешь. Угрузнешь в снегу-то. Как я с тобой буду? Замерзнешь еще!

Только Дарёнка никак не отстает:

— Возьми, дедо! На лыжах-то я маленько умею.

Кокованя отговаривал-отговаривал, потом и подумал про себя: «Сводить разве? Раз побывает, в другой раз не запросится».

Вот он и говорит:

— Ладно, возьму. Только, чур, в лесу не реветь и домой до времени не проситься.

Как зима в полную силу вошла, стали они в лес собираться. Уложил Кокованя на ручные санки сухарей два мешка, припас охотничий и другое, что ему надо. Дарёнка тоже узелок себе

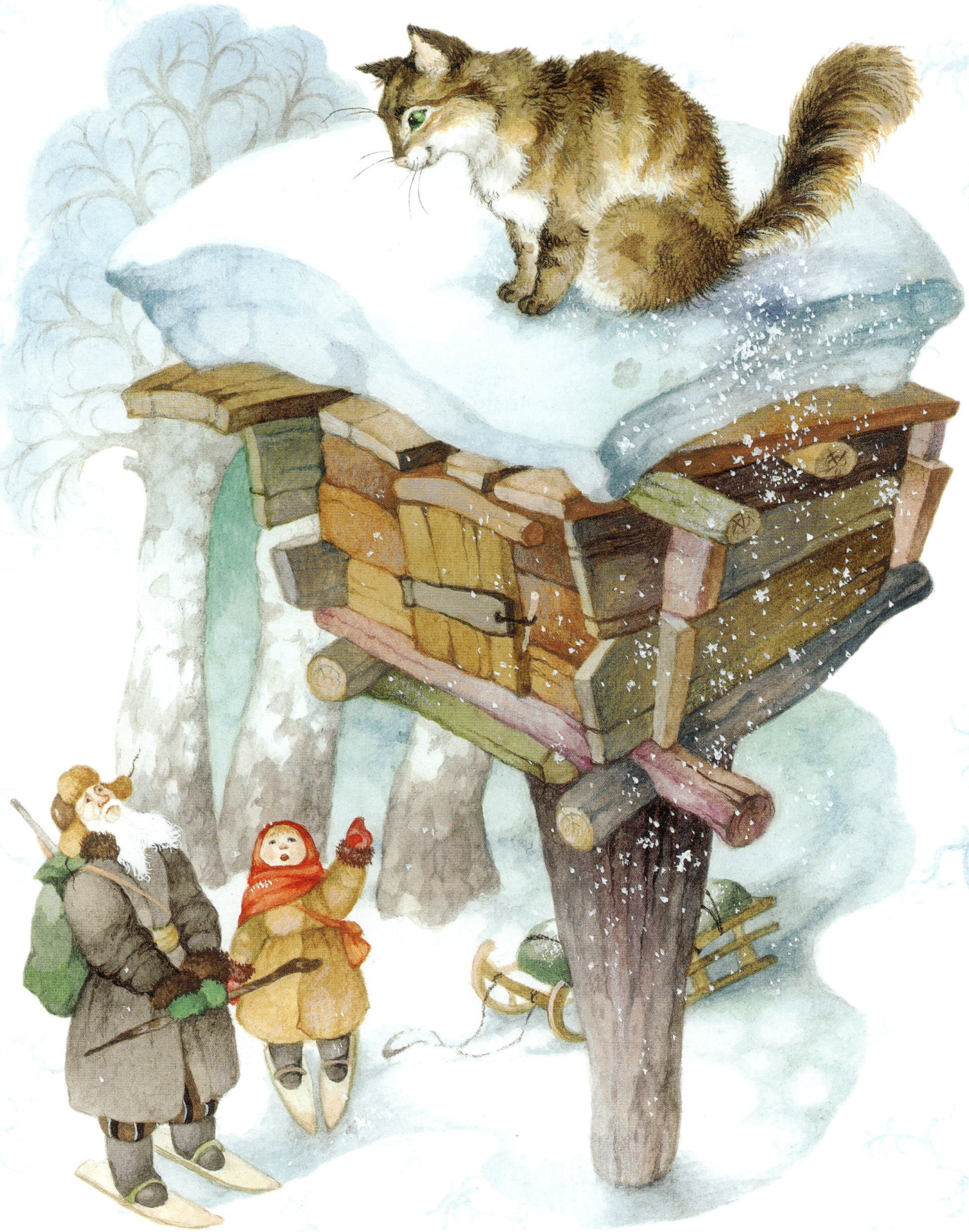

навязала. Лоскуточков взяла кукле платье шить, ниток клубок, иголку да ещё верёвку.

«Нельзя ли, — думает, — этой верёвкой Серебряное копытце поймать?»

Жаль Дарёнке кошку свою оставлять, да что поделаешь. Гладит кошку-то на прощанье, разговаривает с ней:

— Мы, Мурёнка, с дедом в лес пойдём, а ты дома сиди, мышей лови. Как увидим Серебряное копытце, так и воротимся. Я тебе тогда всё расскажу.

Кошка лукаво посматривает, а сама мурлычет:

— Пр-равильно придумала. Пр-равильно.

Пошли Кокованя с Дарёнкой. Все соседи дивуются:

— Из ума выжился старик! Такую маленькую девчонку в лес зимой повёл!

Как стали Кокованя с Дарёнкой из заводу выходить, слышат — собачонки что-то сильно забеспокоились. Такой лай да визг подняли, будто зверя на улицах увидали. Оглянулись, — а это Мурёнка серединой улицы бежит, от собак отбивается. Мурёнка к той поре поправилась. Большая да здоровая стала. Собачонки к ней и подступиться не смеют.

Хотела Дарёнка кошку поймать да домой унести, только где тебе! Добежала Мурёнка до лесу, да и на сосну. Пойди поймай!

Покричала Дарёнка, не могла кошку приманить. Что делать? Пошли дальше. Глядят — Мурёнка стороной бежит. Так и до балагана добралась.

Вот и стало их в балагане трое. Дарёнка хвалится:

— Веселее так-то.

Кокованя поддакивает:

— Известно, веселее.

А кошка Мурёнка свернулась клубочком у печки и звонко мурлычет:

— Пр-равильно говоришь. Пр-равильно.

Козлов в ту зиму много было. Это простых-то. Кокованя каждый день то одного, то двух к балагану притаскивал. Шкурок у них накопилось, козлиного мяса насолили — на ручных санках не увезти. Надо бы в завод за лошадью сходить, да как Дарёнку с кошкой в лесу оставить! А Дарёнка попривыкла в лесу-то. Сама говорит старику:

— Дедо, сходил бы ты в завод за лошадью. Надо ведь солонину домой перевезти.

Кокованя даже удивился:

— Какая ты у меня разумница, Дарья Григорьевна. Как большая рассудила. Только забоишься, поди, одна-то.

— Чего, — отвечает, — бояться. Балаган у нас крепкий, волкам не добиться. И Мурёнка со мной. Не забоюсь. А ты поскорей ворочайся все-таки!

Ушел Кокованя. Осталась Дарёнка с Мурёнкой. Днем-то привычно было без Кокованя сидеть, пока он козлов выслеживал... Как темнеть стало, запобаивалась. Только глядит — Мурёнка лежит спокойнехонько. Дарёнка и повеселела. Села к окошечку, смотрит в сторону покосных ложков и видит — по лесу какой-то комочек катится. Как ближе подкатился, разглядела — это козел бежит. Ножки тоненькие, головка легонькая, а на рожках по пяти веточек.

Выбежала Дарёнка поглядеть, а никого нет. Воротилась да и говорит:

— Видно, задремала я. Мне и показалось.

Мурёнка мурлычет:

— Пр-равильно говоришь. Пр-равильно.

Легла Дарёнка рядом с кошкой да и уснула до утра.

Другой день прошел. Не воротился Кокованя. Скученько стало Дарёнке, а не плачет. Гладит Мурёнку да приговаривает:

— Не скучай, Мурёнушка! Завтра дедо непременно придет.

Мурёнка свою песенку поет:

— Пр-равильно говоришь. Пр-равильно.

Посидела опять Дарёнушка у окошка, полюбовалась на звезды. Хотела спать ложиться, вдруг по стенке топоток прошел. Испугалась Дарёнка, а топоток по другой стене, потом по той, где окошечко, потом — где дверка, а там и сверху запостукивало. Не громко, будто кто легонький да быстрый ходит. Дарёнка и думает: «Не козёл ли тот вчерашний прибежал?»

И до того ей захотелось поглядеть, что и страх не держит. Отворила дверку, глядит, а козёл — тут, вовсе близко. Правую переднюю ножку поднял — вот топнет, а на ней серебряное копытце блестит, и рожки у козла о пяти ветках. Дарёнка не знает, что ей делать, да и манит его как домашнего:

— Ме-ка! Ме-ка!

Козёл на это как рассмеялся. Повернулся и побежал.

Пришла Дарёнушка в балаган, рассказывает Мурёнке:

— Поглядела я на Серебряное копытце. И рожки видела, и копытце видела. Не видела только, как тот козлик ножкой дорогие камни выбивает. Другой раз, видно, покажет.

Мурёнка, знай, свою песенку поёт:

— Пр-равильно говоришь. Пр-равильно.

Третий день прошёл, а всё Кокованикет. Вовсе затуманилась Дарёнка. Слёзки запокапывали. Хотела с Мурёнкой поговорить, а её нету. Тут вовсе испугалась Дарёнушка, из балагана выбежала кошку искать.

Ночь месячная, светлая, далеко видно. Глядит Дарёнка — кошка близко на покосном ложке сидит, а перед ней козёл. Стоит, ножку поднял, а на ней серебряное копытце блестит.

Мурёнка головой покачивает, и козёл тоже. Будто разговаривают. Потом стали по покосным ложкам бегать. Бежит-бежит козёл, остановится и давай копытцем бить. Мурёнка подбежит, козёл дальше отскочит и опять копытцем бьёт. Долго они так-то по покосным ложкам бегали. Не видно их стало. Потом опять к самому балагану воротились.

Тут вспрыгнул козёл на крышу и давай по ней серебряным копытцем бить. Как искры, из-под ножки-то камешки посыпались. Красные, голубые, зелёные, бирюзовые — всякие.

К этой поре как раз Кокованя и вернулся. Узнать своего балагана не может. Весь он как ворох дорогих камней стал. Так и горит-переливается разными огнями. Наверху козёл стоит — и всё бьёт да бьёт серебряным копытцем, а камни сыплются да сыплются. Вдруг Мурёнка скок туда же.

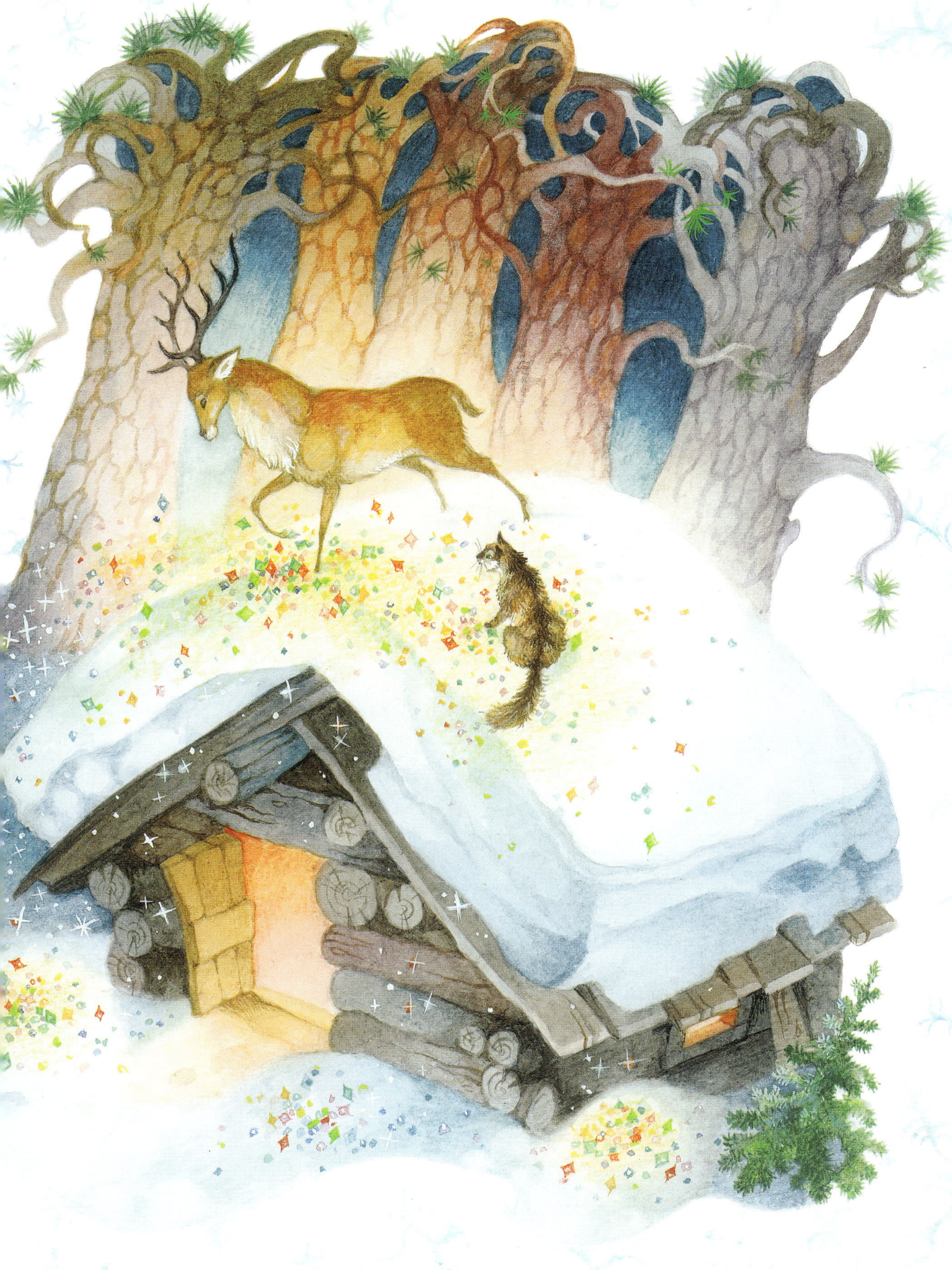

Встала рядом с козлом, громко мяукнула, и ни Мурёнки, ни Серебряного копытца не стало.

Кокованя сразу полшапки камней нагреб, да Дарёнка запросила:

— Не тронь, дедо! Завтра днем еще на это поглядим.

Кокованя и послушался. Только к утру-то снег большой выпал. Все камни и засыпало. Перегребали потом снег-то, да ничего не нашли. Ну, им и того хватило, сколько Кокованя в шапку нагреб.

Все бы хорошо, да Мурёнки жалко. Больше ее так и не видали, да и Серебряное копытце тоже не показался. Потешил раз — и будет.

А по тем покосным ложкам, где козел скакал, люди камешки находить стали. Зелененькие больше. Хризолитами называются. Видали?

Н. Гоголь

Ночь перед Рождеством

Последний день перед Рождеством прошел. Зимняя, ясная ночь наступила. Глянули звезды. Месяц величаво поднялся на небо посветить добрым людям и всему миру, чтобы всем было весело колядовать и славить Христа[1]. Морозило сильнее, чем с утра; но зато так было тихо,

---

[1] Колядовать у нас называется петь под окнами накануне Рождества песни, которые называются колядками. Тому, кто колядует, всегда кинет в мешок хозяйка, или хозяин, или кто остается дома колбасу, или хлеб, или медный грош, чем кто богат. Говорят, что был когда-то болван Коляда, которого принимали за бога, и что будто от того пошли и колядки. Кто его знает? Не нам, простым людям, об этом толковать. Прошлый год отец Осип запретил было колядовать по хуторам, говоря, что будто сим народ угождает сатане. Однако ж если сказать правду, то в колядках и слова нет про Коляду. Поют часто про Рождество Христа; а при конце желают здоровья хозяину, хозяйке, детям и всему дому. Замечание пасичника. (*Примеч. Н. В. Гоголя.*)

что скрып мороза под сапогом слышался за полверсты. Еще ни одна толпа парубков не показывалась под окнами хат; месяц один только заглядывал в них украдкою, как бы вызывая принаряживавшихся девушек выбежать скорее на скрыпучий снег. Тут через трубу одной хаты клубами повалился дым и пошел тучею по небу, и вместе с дымом поднялась ведьма верхом на метле.

Если бы в это время проезжал сорочинский заседатель на тройке обывательских лошадей, в шапке с барашковым окольшком, сделанной по манеру уланскому, в синем тулупе, подбитом черными смушками, с дьявольски сплетенною плетью, которою имеет он обыкновение подгонять своего ямщика, то он бы, верно, приметил ее, потому что от сорочинского заседателя ни одна ведьма на свете не ускользнет. Он знает наперечет, сколько у каждой бабы свинья мечет поросенков, и сколько в сундуке лежит полотна, и что именно из своего платья и хозяйства заложит добрый человек в воскресный день в шинке. Но сорочинский заседатель не проезжал, да и какое ему дело до чужих, у него своя волость.

А ведьма между тем поднялась так высоко, что одним только черным пятнышком мелькала вверху. Но где ни показывалось пятнышко, там звезды, одна за другою, пропадали на небе. Скоро ведьма набрала их полный рукав. Три или четыре еще блестели. Вдруг, с противной стороны, показалось другое пятнышко, увеличилось, стало растягиваться, и уже было не пятнышко. Близорукий, хотя бы надел на нос вместо очков колеса с комиссаровой брички, и тогда бы не распознал, что это такое. Спереди совершенно немец[1]: узенькая, беспрестанно вертевшаяся и нюхавшая все, что ни попадалось, мордочка оканчивалась, как и у наших свиней, кругленьким пятачком, ноги были так тонки, что если бы такие имел яресковский голова,

---

[1] Немцем называют у нас всякого, кто только из чужой земли. Хоть будь он француз, или цесарец, или швед — все немец. (*Примеч. Н. В. Гоголя.*)

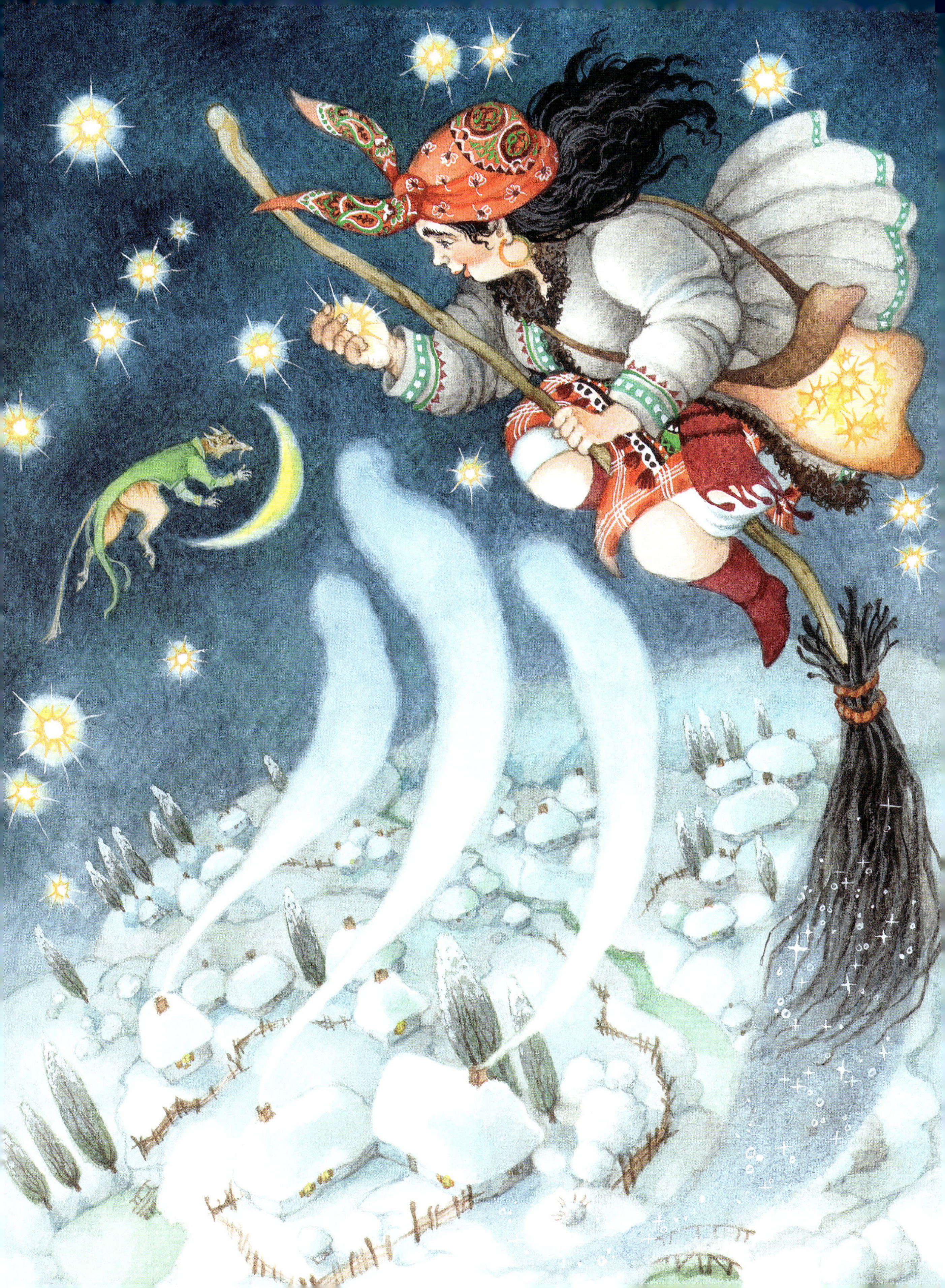

то он переломал бы их в первом козачке. Но зато сзади он был настоящий губернский стряпчий в мундире, потому что у него висел хвост, такой острый и длинный, как теперешние мундирные фалды; только разве по козлиной бороде под мордой, по небольшим рожкам, торчавшим на голове, и что весь был не белее трубочиста, можно было догадаться, что он не немец и не губернский стряпчий, а просто черт, которому последняя ночь осталась шататься по белому свету и выучивать грехам добрых людей. Завтра же, с первыми колоколами к заутрене, побежит он без оглядки, поджавши хвост, в свою берлогу.

Между тем черт крался потихоньку к месяцу и уже протянул было руку схватить его, но вдруг отдернул ее назад, как бы обжегшись, пососал пальцы, заболтал ногою и забежал с другой стороны, и снова отскочил и отдернул руку. Однако ж, несмотря на все неудачи, хитрый черт не оставил своих проказ. Подбежавши, вдруг схватил он обеими руками месяц, кривляясь и дуя, перекидывал его из одной руки в другую, как мужик, доставший голыми руками огонь для своей люльки; наконец поспешно спрятал в карман и, как будто ни в чем не бывал, побежал далее.

В Диканьке никто не слышал, как черт украл месяц. Правда, волостной писарь, выходя на четвереньках из шинка, видел, что месяц ни с сего ни с того танцевал на небе, и уверял с божбою в том все село; но миряне качали головами и даже подымали его на смех. Но какая же была причина решиться черту на такое беззаконное дело? А вот какая: он знал, что богатый козак Чуб приглашен дьяком на кутью, где будут: голова; приехавший из архиерейской певческой родич дьяка в синем сюртуке, бравший самого низкого баса; козак Свербыгуз и еще кое-кто; где, кроме кутьи, будет варенуха, перегонная на шафран водка и много всякого съестного. А между тем его дочка, красавица на всем селе, останется дома, а к дочке, наверное, придет кузнец, силач и детина хоть куда, который черту был противнее проповедей отца Кондрата. В досужее от дел время кузнец занимался малеванием и слыл лучшим живописцем во всем околотке. Сам еще тогда здравствовавший сотник Л...ко вызывал его нарочно в Полтаву выкрасить дощатый забор около его дома. Все миски, из которых диканьские козаки хлебали борщ, были размалеваны кузнецом. Кузнец был богобоязливый человек и писал часто образа святых: и теперь еще можно найти в Т... церкви его евангелиста Луку. Но торжеством его искусства была одна картина, намалеванная на церковной стене в правом притворе, в которой изобразил он святого Петра в день Страшного суда, с ключами в руках, изгонявшего из ада злого духа; испуганный черт метался во все стороны, предчувствуя свою погибель, а заключенные прежде грешники били и гоняли его кнутами, поленами и всем чем ни попало.

В то время, когда живописец трудился над этою картиною и писал ее на большой деревянной доске, черт всеми силами старался мешать ему: толкал невидимо под руку, подымал из горнила в кузнице золу и обсыпал ею картину; но, несмотря на все, работа была кончена, доска внесена в церковь и вделана в стену притвора, и с той поры черт поклялся мстить кузнецу.

Одна только ночь оставалась ему шататься на белом свете; но и в эту ночь он выискивал чем-нибудь выместить на кузнеце свою злобу. И для этого решился украсть месяц, в той надежде, что старый Чуб ленив и не легок на подъем, к дьяку же от избы не так близко: дорога шла по-за селом, мимо мельниц, мимо кладбища, огибала овраг. Еще при месячной ночи варенуха и водка, настоянная на шафран, могла бы заманить Чуба. Но в такую темноту вряд ли бы удалось кому стащить его с печки и вызвать из хаты. А кузнец, который был издавна не в ладах с ним, при нем ни за что не отважится идти к дочке, несмотря на свою силу.

Таким-то образом, как только черт спрятал в карман свой месяц, вдруг по всему миру сделалось так темно, что не всякий бы нашел дорогу к шинку, не только к дьяку. Ведьма, увидевши себя вдруг в темноте, вскрикнула. Тут черт, подъехавши мелким бесом, подхватил ее под руку и пустился нашептывать на ухо то самое, что обыкновенно нашептывают всему женскому роду. Чудно́ устроено на нашем свете! Все, что ни живет в нем, все силится перенимать и передразнивать один другого.

Прежде, бывало, в Миргороде один судья да городничий хаживали зимою в крытых сукном тулупах, а все мелкое чиновничество носило просто нагольные. Теперь же и заседатель, и подкоморий отсмалили себе новые шубы из решетиловских смушек с суконною покрышкою. Канцелярист и волостной писарь третьего году взяли синей китайки по шести гривен аршин. Пономарь сделал себе на лето нанковые шаровары и жилет из полосатого гаруса.

Словом, все лезет в люди! Когда эти люди не будут суетны! Можно побиться об заклад, что многим покажется удивительно видеть черта, пустившегося и себе туда же. Досаднее всего то, что он, верно, воображает себя красавцем, между тем как фигура — взглянуть совестно. Рожа, как говорит Фома Григорьевич, мерзость мерзостью, однако ж и он строит любовные куры! Но на небе и под небом так сделалось темно, что ничего нельзя уже было видеть, что происходило далее между ними.

— Так ты, кум, еще не был у дьяка в новой хате? — говорил козак Чуб, выходя из дверей своей избы, сухощавому, высокому, в коротком тулупе мужику с обросшею бородою, показывавшею, что уже более двух недель не прикасался к ней обломок косы, которым обыкновенно мужики бреют свою бороду за неимением бритвы. — Там теперь будет добрая попойка! — продолжал Чуб, оскалив при этом свое лицо. — Как бы только нам не опоздать.

При сем Чуб поправил свой пояс, перехватывавший плотно его тулуп, нахлобучил крепче свою шапку, стиснул в руке кнут — страх и грозу докучливых собак, но, взглянув вверх, остановился...

— Что за дьявол! Смотри! смотри, Панас!..
— Что? — произнес кум и поднял свою голову также вверх.
— Как что? Месяца нет!
— Что за про́пасть! В самом деле нет месяца.
— То-то, что нет, — выговорил Чуб с некоторою досадою на неизменное равнодушие кума. — Тебе небось и нужды нет.
— А что мне делать!
— Надобно же было, — продолжал Чуб, утирая рукавом усы, — какому-то дьяволу, чтоб ему не довелось, собаке, поутру

рюмки водки выпить, вмешаться!.. Право, как будто на смех... Нарочно, сидевши в хате, глядел в окно: ночь — чудо! Светло, снег блещет при месяце. Все было видно, как днем. Не успел выйти за дверь — и вот, хоть глаз выколи!

Чуб долго еще ворчал и бранился, а между тем в то же время раздумывал, на что бы решиться. Ему до смерти хотелось покалякать о всяком вздоре у дьяка, где, без всякого сомнения, сидел уже и голова, и приезжий бас, и дегтярь Микита, ездивший через каждые две недели в Полтаву на торги и отпускавший такие шутки, что все миряне брались за животы со смеху. Уже видел Чуб мысленно стоявшую на столе варенуху. Все это было заманчиво, правда; но темнота ночи напомнила ему о той лени, которая так мила всем козакам. Как бы хорошо теперь лежать, поджавши под себя ноги, на лежанке, курить спокойно люльку и слушать сквозь упоительную дремоту колядки и песни веселых парубков и девушек, толпящихся кучами под окнами. Он бы, без всякого сомнения, решился на последнее, если бы был один, но теперь обоим не так скучно и страшно идти темною ночью, да и не хотелось-таки показаться перед другими ленивым или трусливым. Окончивши побранки, обратился он снова к куму:

— Так нет, кум, месяца?

— Нет.

— Чудно́, право! А дай понюхать табаку. У тебя, кум, славный табак! Где ты берешь его?

— Кой черт, славный! — отвечал кум, закрывая березовую тавлинку, исколотую узорами. — Старая курица не чихнет!

— Я помню, — продолжал все так же Чуб, — мне покойный шинкарь Зозуля раз привез табаку из Нежина. Эх, табак был! добрый табак был! Так что же, кум, как нам быть? Ведь темно на дворе.

— Так, пожалуй, останемся дома, — произнес кум, ухватясь за ручку двери.

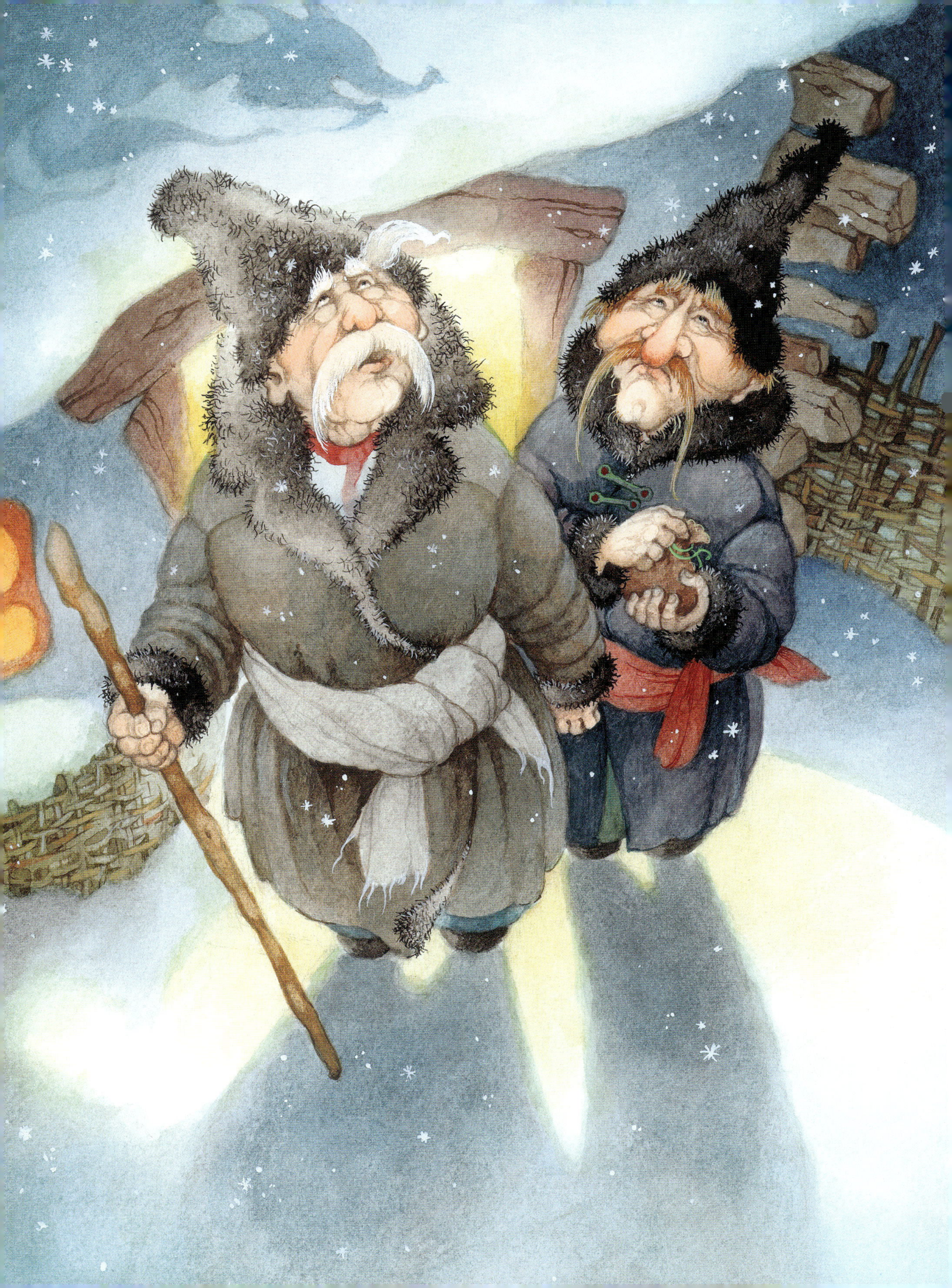

Если бы кум не сказал этого, то Чуб, верно бы, решился остаться, но теперь его как будто что-то дергало идти наперекор.

— Нет, кум, пойдем! нельзя, нужно идти!

Сказавши это, он уже и досадовал на себя, что сказал. Ему было очень неприятно тащиться в такую ночь; но его утешало то, что он сам нарочно этого захотел и сделал-таки не так, как ему советовали.

Кум, не выразив на лице своем ни малейшего движения досады, как человек, которому решительно все равно, сидеть ли дома или тащиться из дому, обсмотрелся, почесал палочкой батога свои плечи, и два кума отправились в дорогу.

Теперь посмотрим, что делает, оставшись одна, красавица дочка. Оксане не минуло еще и семнадцати лет, как во всем почти свете, и по ту сторону Диканьки, и по эту сторону Диканьки, только и речей было, что про нее. Парубки гуртом провозгласили, что лучшей девки и не было еще никогда и не будет никогда на селе. Оксана знала и слышала все, что про нее говорили, и была капризна, как красавица. Если бы она ходила не в плахте и запаске, а в каком-нибудь капоте, то разогнала бы всех своих девок. Парубки гонялись за нею толпами, но, потерявши терпение, оставляли мало-помалу и обращались к другим, не так избалованным. Один только кузнец был упрям и не оставлял своего волокитства, несмотря на то что и с ним поступаемо было ничуть не лучше, как с другими.

По выходе отца своего она долго еще принаряживалась и жеманилась перед небольшим в оловянных рамках зеркалом и не могла налюбоваться собою.

— Что людям вздумалось расславлять, будто я хороша? — говорила она, как бы рассеянно, для того только, чтобы об чем-нибудь поболтать с собою. — Лгут люди, я совсем

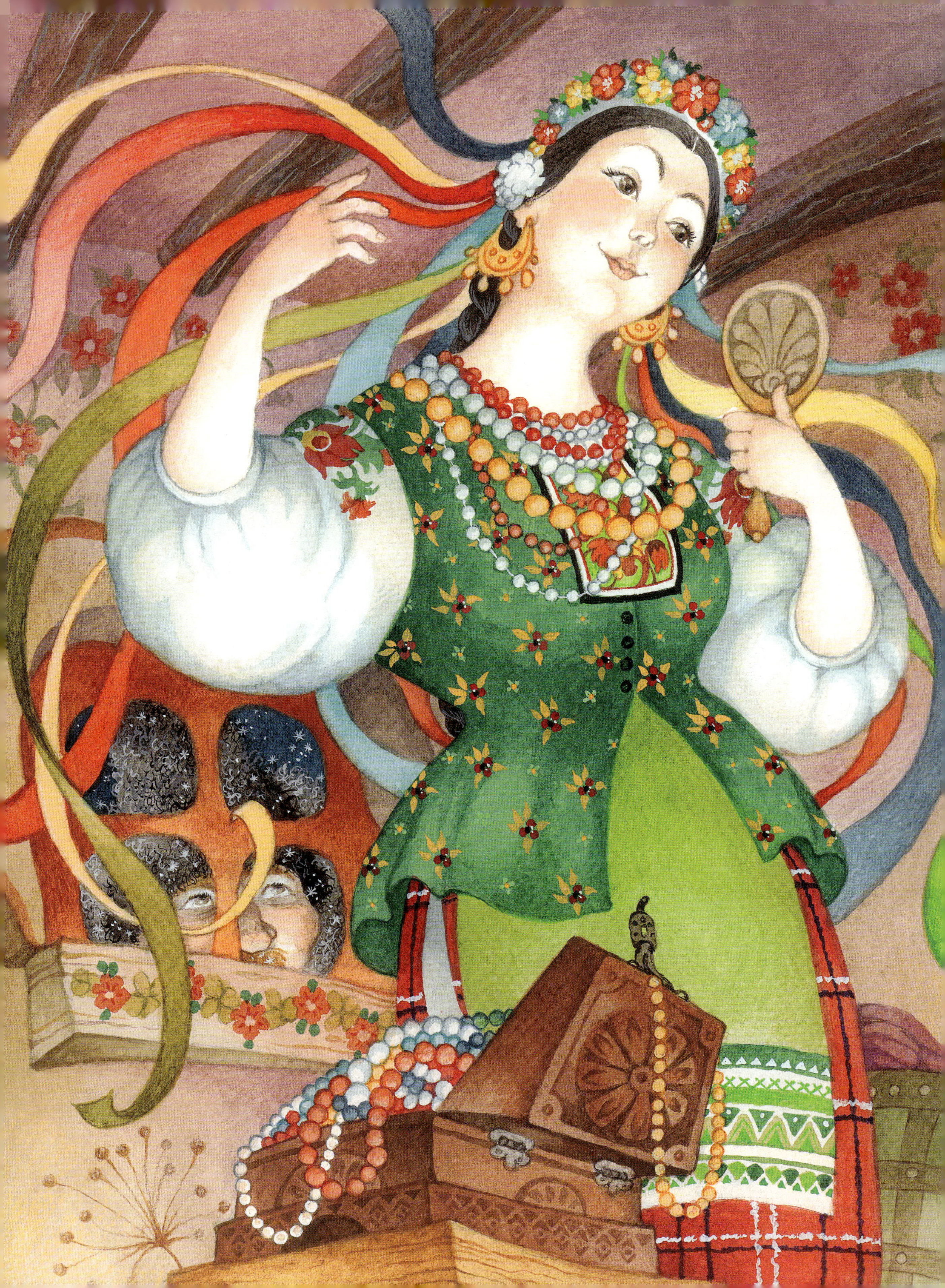

не хороша. — Но мелькнувшее в зеркале свежее, живое в детской юности лицо с блестящими черными очами и невыразимо приятной усмешкой, прожигавшей душу, вдруг доказало противное. — Разве черные брови и очи мои, — продолжала красавица, не выпуская зеркала, — так хороши, что уже равных им нет и на свете? Что тут хорошего в этом вздернутом кверху носе? и в щеках? и в губах? Будто хороши мои черные косы? Ух! их можно испугаться вечером: они, как длинные змеи, перевились и обвились вокруг моей головы. Я вижу теперь, что я совсем не хороша! — И, отдвигая несколько подалее от себя зеркало, вскрикнула: — Нет, хороша я! Ах, как хороша! Чудо! Какую радость принесу я тому, кого буду женою! Как будет любоваться мною мой муж! Он не вспомнит себя. Он зацелует меня насмерть.

— Чу́дная девка! — прошептал вошедший тихо кузнец. — И хвастовства у нее мало! С час стоит, глядясь в зеркало, и не наглядится, и еще хвалит себя вслух!

— Да, парубки, вам ли чета я? вы поглядите на меня, — продолжала хорошенькая кокетка, — как я плавно выступаю; у меня сорочка шита красным шелком. А какие ленты на голове! Вам век не увидать богаче галуна! Все это накупил мне отец мой для того, чтобы на мне женился самый лучший мо́лодец на свете! — И, усмехнувшись, поворотилась она в другую сторону и увидела кузнеца...

Вскрикнула и сурово остановилась перед ним.

Кузнец и руки опустил.

Трудно рассказать, что выражало смугловатое лицо чудной девушки: и суровость в нем была видна, и сквозь суровость какая-то издевка над смутившимся кузнецом, и едва заметная краска досады тонко разливалась по лицу; все это так смешалось и так было неизобразимо хорошо, что расцеловать ее миллион раз — вот все, что можно было сделать тогда наилучшего.

— Зачем ты пришел сюда? — так начала говорить Оксана. — Разве хочется, чтобы выгнала за дверь лопатою? Вы все мастера подъезжать к нам. Вмиг пронюхаете, когда отцов нет дома. О, я знаю вас! Что, сундук мой готов?

— Будет готов, мое серденько, после праздника будет готов. Если бы ты знала, сколько возился около него: две ночи не выходил из кузницы; зато ни у одной поповны не будет такого сундука. Железо на оковку положил такое, какого не клал на сотникову таратайку, когда ходил на работу в Полтаву. А как будет расписан! Хоть весь околоток выходи своими беленькими ножками, не найдешь такого! По всему полю будут раскиданы красные и синие цветы. Гореть будет, как жар. Не сердись же на меня! Позволь хоть поговорить, хоть поглядеть на тебя!

— Кто ж тебе запрещает, говори и гляди!

Тут села она на лавку и снова взглянула в зеркало и стала поправлять на голове свои косы. Взглянула на шею, на новую сорочку, вышитую шелком, и тонкое чувство самодовольствия выразилось на устах, на свежих ланитах и отсветилось в очах.

— Позволь и мне сесть возле тебя! — сказал кузнец.

— Садись, — проговорила Оксана, сохраняя в устах и в довольных очах то же самое чувство.

— Чу́дная, ненаглядная Оксана, позволь поцеловать тебя! — произнес ободренный кузнец и прижал ее к себе в намерении схватить поцелуй; но Оксана отклонила свои щеки, находившиеся уже на неприметном расстоянии от губ кузнеца, и оттолкнула его.

— Чего тебе еще хочется? Ему когда мед, так и ложка нужна! Поди прочь, у тебя руки жестче железа. Да и сам ты пахнешь дымом. Я думаю, меня всю обмарал сажею.

Тут она поднесла зеркало и снова начала перед ним охорашиваться.

«Не любит она меня, — думал про себя, повеся голову, кузнец. — Ей все игрушки; а я стою перед нею как дурак и очей не свожу с нее. И все бы стоял перед нею, и век бы не сводил с нее очей! Чудная девка! чего бы я не дал, чтобы узнать, что у нее на сердце, кого она любит! Но нет, ей и нужды нет ни до кого. Она любуется сама собою; мучит меня, бедного; а я за грустью не вижу света; а я ее так люблю, как ни один человек на свете не любил и не будет никогда любить».

— Правда ли, что твоя мать ведьма? — произнесла Оксана и засмеялась; и кузнец почувствовал, что внутри его все засмеялось. Смех этот как будто разом отозвался в сердце и в тихо встрепенувших жилах, и за всем тем досада запала в его душу, что он не во власти расцеловать так приятно засмеявшееся лицо.

— Что мне до матери? Ты у меня мать, и отец, и все, что ни есть дорогого на свете. Если б меня призвал царь и сказал: «Кузнец Вакула, проси у меня всего, что ни есть лучшего в моем царстве, все отдам тебе. Прикажу тебе сделать золотую кузницу, и станешь ты ковать серебряными молотами». —

«Не хочу, — сказал бы я царю, — ни каменьев дорогих, ни золотой кузницы, ни всего твоего царства. Дай мне лучше мою Оксану!»

— Видишь, какой ты! Только отец мой сам не промах. Увидишь, когда он не женится на твоей матери, — проговорила, лукаво усмехнувшись, Оксана. — Однако ж дивчата не приходят... Что б это значило? Давно уже пора колядовать. Мне становится скучно.

— Бог с ними, моя красавица!

— Как бы не так! с ними, верно, придут парубки. Тут-то пойдут балы. Воображаю, каких наговорят смешных историй!

— Так тебе весело с ними?

— Да уж веселее, чем с тобою. А! кто-то стукнул; верно, дивчата с парубками.

«Чего мне больше ждать? — говорил сам с собою кузнец. — Она издевается надо мною. Ей я столько же дорог, как перержавевшая подкова. Но если ж так, не достанется, по крайней мере, другому посмеяться надо мною. Пусть только я наверное замечу, кто ей нравится более моего; я отучу...»

Стук в двери и резко зазвучавший на морозе голос: «Отвори!» — прервал его размышления.

— Постой, я сам отворю, — сказал кузнец и вышел в сени в намерении отломать с досады бока первому попавшемуся человеку.

Мороз увеличился, и вверху так сделалось холодно, что черт перепрыгивал с одного копытца на другое и дул себе в кулак, желая сколько-нибудь отогреть мерзнувшие руки. Не мудрено, однако ж, и смерзнуть тому, кто толкался от утра до утра в аду, где, как известно, не так холодно, как у нас зимою, и где, надевши колпак и ставши перед очагом, будто в самом деле кухмистр, поджаривал он грешников с таким удовольствием, с каким обыкновенно баба жарит на Рождество колбасу.

Ведьма сама почувствовала, что холодно, несмотря на то, что была тепло одета; и потому, поднявши руки кверху, отставила ногу и, приведши себя в такое положение, как человек, летящий на коньках, не сдвинувшись ни одним суставом, спустилась по воздуху, будто по ледяной покатой горе, и прямо в трубу.

Черт таким же порядком отправился вслед за нею. Но так как это животное проворнее всякого франта в чулках, то не мудрено, что он наехал при самом входе в трубу на шею своей любовницы, и оба очутились в просторной печке между горшками.

Путешественница отодвинула потихоньку заслонку, поглядеть, не назвал ли сын ее Вакула в хату гостей, но, увидевши, что никого не было, выключая только мешки, которые лежали посереди хаты, вылезла из печки, скинула теплый кожух, оправилась, и никто бы не мог узнать, что она за минуту назад ездила на метле.

Мать кузнеца Вакулы имела от роду не больше сорока лет. Она была ни хороша, ни дурна собою. Трудно и быть хорошею в такие года. Однако ж она так умела причаровать к себе самых степенных козаков (которым, не мешает, между прочим, заметить, мало было нужды до красоты), что к ней хаживал и голова, и дьяк Осип Никифорович (конечно, если дьячихи не было дома), и козак Корний Чуб, и козак Касьян Свербыгуз. И, к чести ее сказать, она умела искусно обходиться с ними. Ни одному из них и в ум не приходило, что у него есть соперник. Шел ли набожный мужик, или дворянин, как называют себя козаки, одетый в кобеняк с видлогою, в воскресенье в церковь или, если дурная погода, в шинок, — как не зайти к Солохе, не поесть жирных с сметаною вареников и не поболтать в теплой избе с говорливой и угодливой хозяйкой. И дворянин нарочно для этого давал большой крюк, прежде чем достигал шинка, и называл это — заходить по дороге. А пойдет ли, бывало, Солоха в праздник в церковь, надевши яркую плахту с китайчатою запаскою, а сверх ее синюю юбку, на которой сзади нашиты были золотые усы, и станет прямо близ правого крылоса, то дьяк уже верно закашливался и прищуривал невольно в ту сторону глаза; голова гладил усы, заматывал за ухо оселедец и говорил стоявшему близ его соседу: «Эх, добрая баба! черт-баба!»

Солоха кланялась каждому, и каждый думал, что она кланяется ему одному. Но охотник мешаться в чужие дела тотчас бы заметил, что Солоха была приветливее всего с козаком Чубом. Чуб был вдов. Восемь скирд хлеба всегда стояли перед его хатою. Две пары дюжих волов всякий раз высовывали

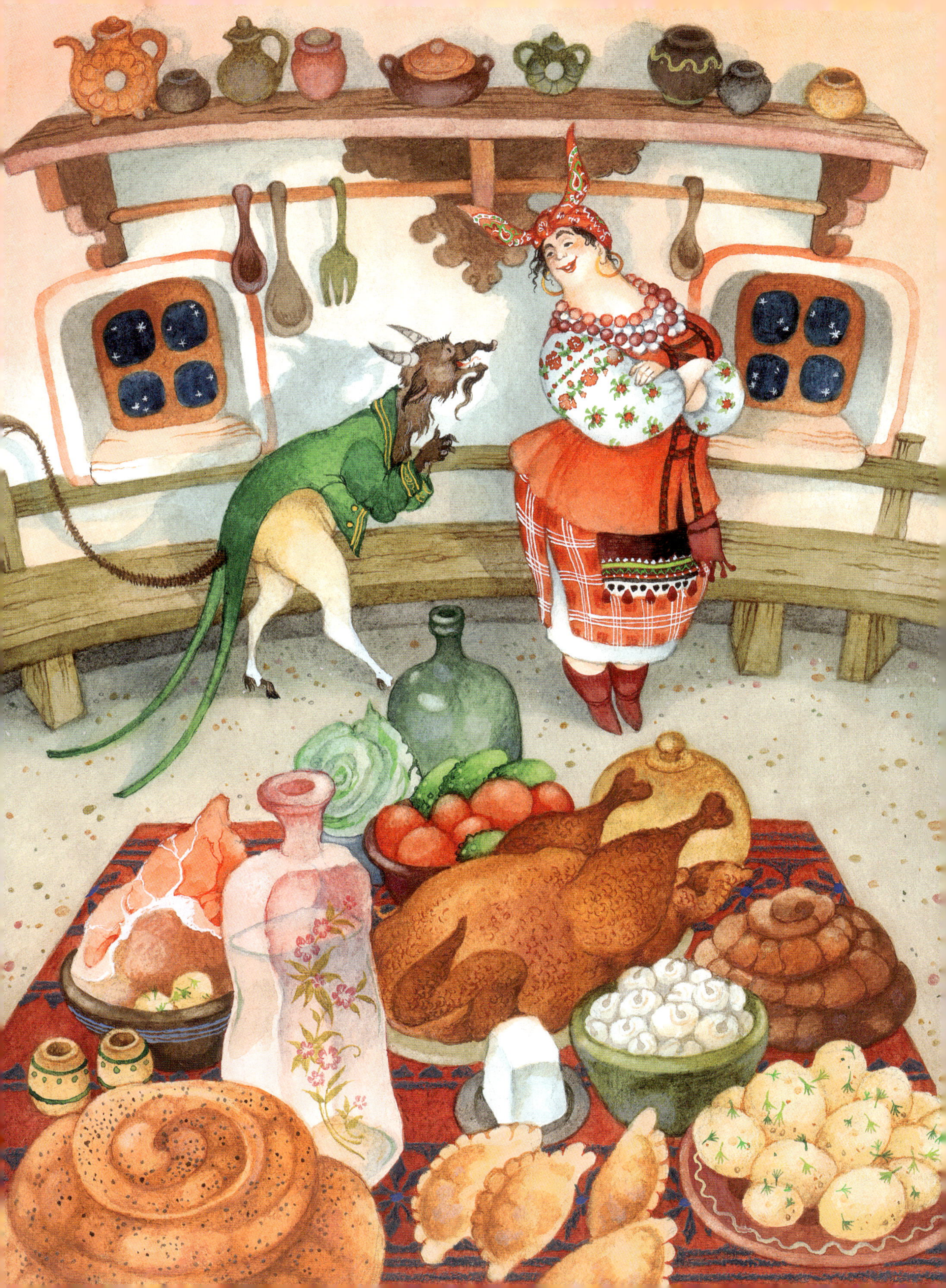

свои головы из плетеного сарая на улицу и мычали, когда завидывали шедшую куму — корову, или дядю — толстого быка. Бородатый козел взбирался на самую крышу и дребезжал оттуда резким голосом, как городничий, дразня выступавших по двору индеек и оборачиваяся задом, когда завидывал своих неприятелей, мальчишек, издевавшихся над его бородою. В сундуках у Чуба водилось много полотна, жупанов и старинных кунтушей с золотыми галунами: покойная жена его была щеголиха. В огороде, кроме маку, капусты, подсолнечников, засевалось еще каждый год две нивы табаку. Все это Солоха находила не лишним присоединить к своему хозяйству, заранее размышляя о том, какой оно примет порядок, когда перейдет в ее руки, и удвоивала благосклонность к старому Чубу. А чтобы каким-нибудь образом сын ее Вакула не подъехал к его дочери и не успел прибрать всего себе, и тогда бы наверно не допустил ее мешаться ни во что, она прибегнула к обыкновенному средству всех сорокалетних кумушек: ссорить как можно чаще Чуба с кузнецом. Может быть, эти самые хитрости и сметливость ее были виною, что кое-где начали поговаривать старухи, особливо когда выпивали где-нибудь на веселой сходке лишнее, что Солоха точно ведьма; что парубок Кизяколупенко видел у нее сзади хвост величиною не более бабьего веретена; что она еще в позапрошлый четверг черною кошкою перебежала дорогу; что к попадье раз прибежала свинья, закричала петухом, надела на голову шапку отца Кондрата и убежала назад.

Случилось, что тогда, когда старушки толковали об этом, пришел какой-то коровий пастух Тымиш Коростявый. Он не преминул рассказать, как летом, перед самою Петровкою, когда он лег спать в хлеву, подмостивши под голову солому, видел собственными глазами, что ведьма, с распущенною косою, в одной рубашке, начала доить коров, а он не мог пошевельнуться, так был околдован; подоивши коров, она пришла к нему и помазала его губы чем-то таким гадким, что он плевал после того целый день. Но все это что-то сомнительно, потому что один только сорочинский заседатель может увидеть ведьму. И оттого все именитые козаки махали руками, когда слышали такие речи. «Брешут сучьи бабы!» — бывал обыкновенный ответ их.

Вылезши из печки и оправившись, Солоха, как добрая хозяйка, начала убирать и ставить все к своему месту; но мешков не тронула: «Это Вакула принес, пусть же сам и вынесет!» Черт между тем, когда еще влетал в трубу, как-то нечаянно оборотившись, увидел Чуба об руку с кумом, уже далеко от избы. Вмиг вылетел он из печки, перебежал им дорогу и начал разрывать со всех сторон кучи замерзшего снега. Поднялась метель. В воздухе забелело. Снег метался взад и вперед сетью и угрожал залепить глаза, рот и уши пешеходам. А черт улетел снова в трубу, в твердой уверенности, что Чуб возвратится вместе с кумом назад, застанет кузнеца и отпотчует его так, что он долго будет не в силах взять в руки кисть и малевать обидные карикатуры.

В самом деле, едва только поднялась метель и ветер стал резать прямо в глаза, как Чуб уже изъявил раскаяние и, нахлобучивая глубже на голову капелюхи, угощал побранками себя, черта и кума. Впрочем, эта досада была притворная. Чуб очень рад был поднявшейся метели. До дьяка еще оставалось в восемь раз больше того расстояния, которое они прошли. Путешественники поворотили назад. Ветер дул в затылок; но сквозь метущий снег ничего не было видно.

— Стой, кум! мы, кажется, не туда идем, — сказал, немного отошедши, Чуб, — я не вижу ни одной хаты. Эх, какая метель! Свороти-ка ты, кум, немного в сторону, не найдешь ли дороги; а я тем временем поищу здесь. Дернет же нечистая сила потаскаться по такой вьюге! Не забудь закричать, когда найдешь дорогу. Эк, какую кучу снега напустил в очи сатана!

Дороги, однако ж, не было видно. Кум, отошедши в сторону, бродил в длинных сапогах взад и вперед и наконец набрел прямо на шинок. Эта находка так его обрадовала, что он позабыл все и, стряхнувши с себя снег, вошел в сени, нимало не беспокоясь об оставшемся на улице куме. Чубу показалось между тем, что он нашел дорогу; остановившись, принялся он кричать во все горло, но, видя, что кум не является, решился идти сам. Немного пройдя, увидел он свою хату. Сугробы снега лежали около нее и на крыше. Хлопая намерзнувшими на холоде руками, принялся он стучать в дверь и кричать повелительно своей дочери отпереть ее.

— Чего тебе тут нужно? — сурово закричал вышедший кузнец.

Чуб, узнавши голос кузнеца, отступил несколько назад. «Э, нет, это не моя хата, — говорил он про себя, — в мою хату не забредет кузнец. Опять же, если присмотреться хорошенько, то и не кузнецова. Чья бы была это хата? Вот на! не распознал! Это хромого Левченка, который недавно женился на молодой жене. У него одного только хата похожа на мою. То-то мне показалось и сначала немного чудно́, что так скоро пришел домой. Однако ж Левченко сидит теперь у дьяка, это я знаю; зачем же кузнец?.. Э-ге-ге! он ходит к его молодой жене. Вот как! хорошо!.. теперь я все понял».

— Кто ты такой и зачем таскаешься под дверями? — произнес кузнец суровее прежнего и подойдя ближе.

«Нет, не скажу ему, кто я, — подумал Чуб, — чего доброго, еще приколотит, проклятый выродок!» — и, переменив голос, отвечал:

— Это я, человек добрый! пришел вам на забаву поколядовать немного под окнами.

— Убирайся к черту с своими колядками! — сердито закричал Вакула. — Что ж ты стоишь? Слышишь, убирайся сей же час вон!

Чуб сам уже имел это благоразумное намерение, но ему досадно показалось, что принужден слушаться приказаний кузнеца. Казалось, какой-то злой дух толкал его под руку и вынуждал сказать что-нибудь наперекор.

— Что ж ты, в самом деле, так раскричался? — произнес он тем же голосом, — я хочу колядовать, да и полно.

— Эге! да ты от слов не уймешься!.. — Вслед за сими словами Чуб почувствовал пребольной удар в плечо.

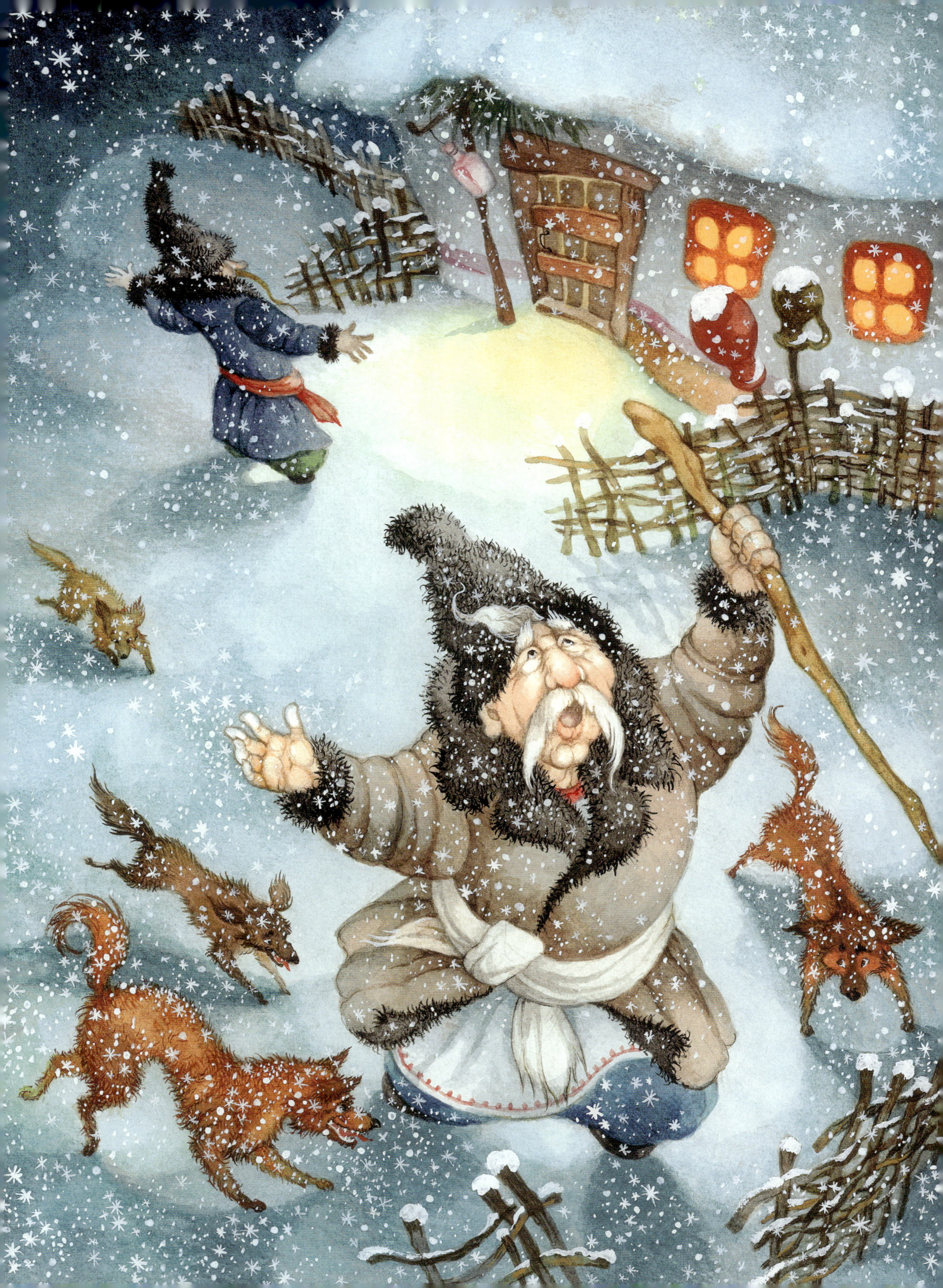

— Да вот это ты, как я вижу, начинаешь уже драться! — произнес он, немного отступая.

— Пошел, пошел! — кричал кузнец, наградив Чуба другим толчком.

— Что ж ты! — произнес Чуб таким голосом, в котором изображалась и боль, и досада, и робость. — Ты, вижу, не в шутку дерешься, и еще больно дерешься!

— Пошел, пошел! — закричал кузнец и захлопнул дверь.

— Смотри, как расхрабрился! — говорил Чуб, оставшись один на улице. — Попробуй подойти! вишь какой! вот большая цаца! Ты думаешь, я на тебя суда не найду? Нет, голубчик, я пойду, и пойду прямо к комиссару. Ты у меня будешь знать! Я не посмотрю, что ты кузнец и маляр. Однако ж посмотреть на спину и плечи: я думаю, синие пятна есть. Должно быть, больно поколотил, вражий сын! Жаль, что холодно и не хочется скидать кожуха! Постой ты, бесовский кузнец, чтоб черт поколотил, и тебя, и твою кузницу, ты у меня напляшешься! Вишь, проклятый шибеник! Однако ж ведь теперь его нет дома. Солоха, думаю, сидит одна. Гм... оно ведь недалеко отсюда; пойти бы! Время теперь такое, что нас никто не застанет. Может, и того, будет можно... Вишь, как больно поколотил проклятый кузнец!

Тут Чуб, почесав свою спину, отправился в другую сторону. Приятность, ожидавшая его впереди при свидании с Солохою, умаливала немного боль и делала нечувствительным и самый мороз, который трещал по всем улицам, не заглушаемый вьюжным свистом. По временам на лице его, которого бороду и усы метель намылила снегом проворнее всякого цирюльника, тирански хватающего за нос свою жертву, показывалась полусладкая мина. Но если бы, однако ж, снег не крестил взад и вперед всего перед глазами, то долго еще можно было бы видеть, как Чуб останавливался, почесывал спину, произносил: «Больно поколотил проклятый кузнец!» — и снова отправлялся в путь.

В то время, когда проворный франт с хвостом и козлиною бородою летал из трубы и потом снова в трубу, висевшая у него на перевязи при боку ладунка, в которую он спрятал украденный месяц, как-то нечаянно зацепившись в печке, растворилась, и месяц, пользуясь этим случаем, вылетел через трубу Солохиной хаты и плавно поднялся по небу. Все осветилось. Метели как не бывало. Снег загорелся широким серебряным полем и весь обсыпался хрустальными звездами. Мороз как бы потеплел. Толпы парубков и девушек показались с мешками. Песни зазвенели, и под редкою хатою не толпились колядующие.

Чудно блещет месяц! Трудно рассказать, как хорошо потолкаться в такую ночь между кучею хохочущих и поющих девушек и между парубками, готовыми на все шутки и выдумки, какие может только внушить весело смеющаяся ночь. Под плотным кожухом тепло; от мороза еще живее горят щеки; а на шалости сам лукавый подталкивает сзади.

Кучи девушек с мешками вломились в хату Чуба, окружили Оксану. Крик, хохот, рассказы оглушили кузнеца. Все

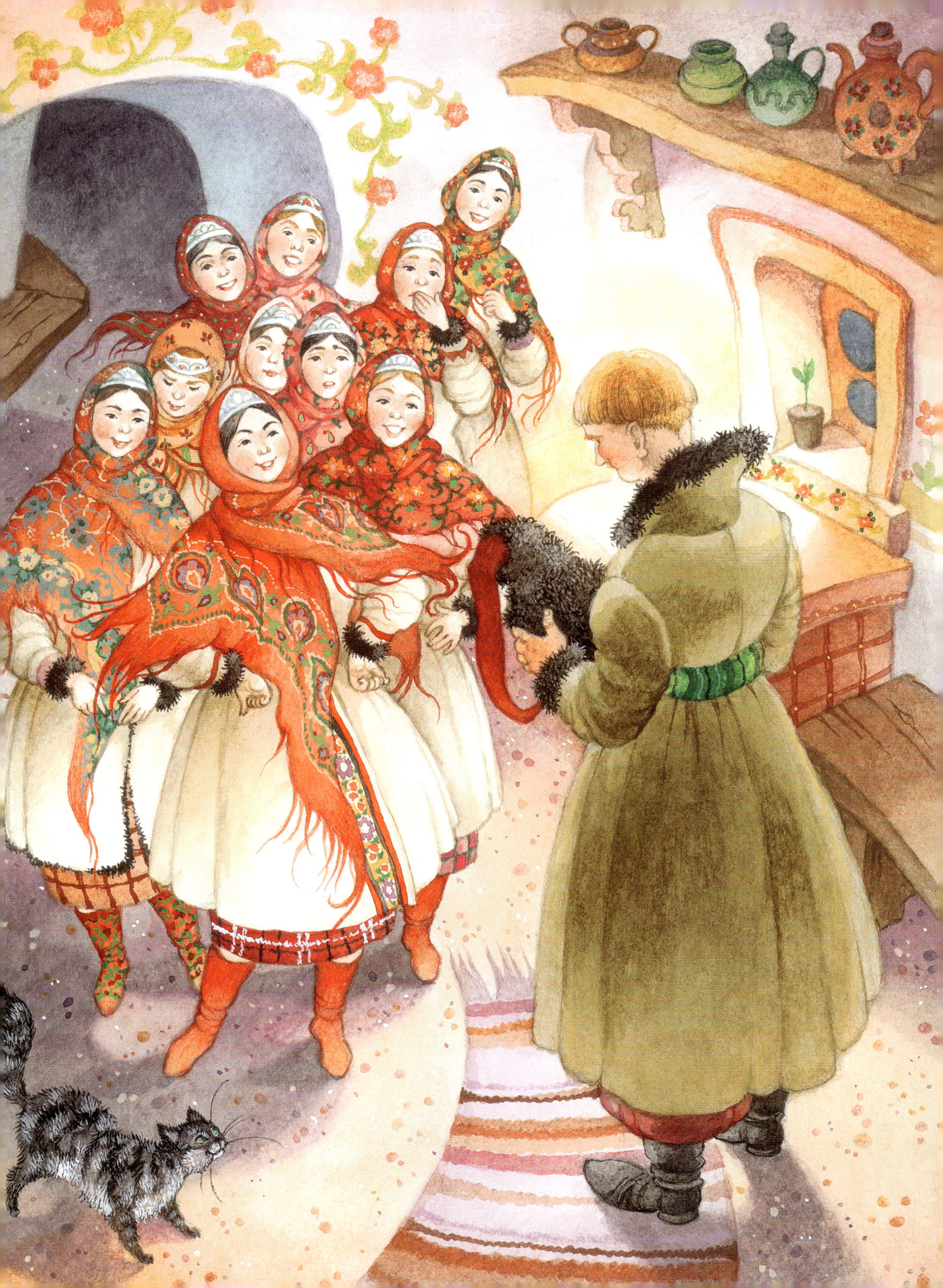

наперерыв спешили рассказать красавице что-нибудь новое, выгружали мешки и хвастались паляницами, колбасами, варениками, которых успели уже набрать довольно за свои колядки. Оксана, казалось, была в совершенном удовольствии и радости, болтала то с той, то с другой и хохотала без умолку. С какой-то досадою и завистью глядел кузнец на такую веселость и на этот раз проклинал колядки, хотя сам бывал от них без ума.

— Э, Одарка! — сказала веселая красавица, оборотившись к одной из девушек, — у тебя новые черевики! Ах, какие хорошие! и с золотом! Хорошо тебе, Одарка, у тебя есть такой человек, который все тебе покупает; а мне некому достать такие славные черевики.

— Не тужи, моя ненаглядная Оксана! — подхватил кузнец, — я тебе достану такие черевики, какие редкая панночка носит.

— Ты? — сказала, скоро и надменно поглядев на него, Оксана. — Посмотрю я, где ты достанешь черевики, которые могла бы я надеть на свою ногу. Разве принесешь те самые, которые носит царица.

— Видишь, каких захотела! — закричала со смехом девичья толпа.

— Да, — продолжала гордо красавица, — будьте все вы свидетельницы: если кузнец Вакула принесет те самые черевики, которые носит царица, то вот мое слово, что выйду тот же час за него замуж.

Девушки увели с собою капризную красавицу.

— Смейся, смейся! — говорил кузнец, выходя вслед за ними. — Я сам смеюсь над собою! Думаю и не могу вздумать, куда девался ум мой. Она меня не любит, — ну, бог с ней! будто только на всем свете одна Оксана. Слава богу, девчат много хороших и без нее на селе. Да что Оксана? с нее никогда не будет доброй хозяйки; она только мастерица рядиться. Нет, по́лно, пора перестать дурачиться.

Но в самое то время, когда кузнец готовился быть решительным, какой-то злой дух проносил пред ним смеющийся образ Оксаны, говорившей насмешливо: «Достань, кузнец, царицыны черевики, выйду за тебя замуж!» Все в нем волновалось, и он думал только об одной Оксане.

Толпы колядующих, парубки особо, девушки особо, спешили из одной улицы в другую. Но кузнец шел и ничего не видал и не участвовал в тех веселостях, которые когда-то любил более всех.

Черт между тем не на шутку разнежился у Солохи: целовал ее руку с такими ужимками, как заседатель у поповны, брался за сердце, охал и сказал напрямик, что если она не согласится удовлетворить его страсти и, как водится, наградить, то он готов на все: кинется в воду, а душу отправит прямо в пекло. Солоха была не так жестока, притом же черт, как известно, действовал с нею заодно. Она таки любила видеть волочившуюся за собою толпу и редко бывала без компании. Этот вечер, однако ж, думала провесть одна, потому что все именитые обитатели села званы были на кутью к дьяку. Но все пошло иначе: черт только что представил свое требование, как вдруг послышался голос дюжего головы. Солоха побежала отворить дверь, а проворный черт влез в лежавший мешок.

Голова, стряхнув с своих капелюх снег и выпивши из рук Солохи чарку водки, рассказал, что он не пошел к дьяку, потому что поднялась метель; а увидевши свет в ее хате, завернул к ней, в намерении провесть вечер с нею.

Не успел голова это сказать, как в дверь послышался стук и голос дьяка.

— Спрячь меня куда-нибудь, — шептал голова. — Мне не хочется теперь встретиться с дьяком.

Солоха думала долго, куда спрятать такого плотного гостя; наконец выбрала самый большой мешок с углем; уголь высыпала в кадку, и дюжий голова влез с усами, с головою и с капелюхами в мешок.

Дьяк вошел, покряхтывая и потирая руки, и рассказал, что у него не был никто и что он сердечно рад этому случаю *погулять* немного у нее и не испугался метели. Тут он подошел к ней ближе, кашлянул, усмехнулся, дотронулся своими длинными пальцами ее обнаженной полной руки и произнес с таким видом, в котором выказывалось и лукавство, и самодовольствие:

— А что это у вас, великолепная Солоха? — И, сказавши это, отскочил он несколько назад.

— Как что? Рука, Осип Никифорович! — отвечала Солоха.

— Гм! рука! хе! хе! хе! — произнес сердечно довольный своим началом дьяк и прошелся по комнате.

— А это что у вас, дражайшая Солоха? — произнес он с таким же видом, приступив к ней снова и схватив ее слегка рукою за шею и таким же порядком отскочив назад.

— Будто не видите, Осип Никифорович! — отвечала Солоха. — Шея, а на шее монисто.

— Гм! на шее монисто! хе! хе! хе! — И дьяк снова прошелся по комнате, потирая руки. — А это что у вас, несравненная Солоха?..

Неизвестно, к чему бы теперь притронулся дьяк своими длинными пальцами, как вдруг послышался в дверь стук и голос козака Чуба.

— Ах, боже мой, стороннее лицо! — закричал в испуге дьяк. — Что теперь, если застанут особу моего звания?.. Дойдет до отца Кондрата!..

Но опасения дьяка были другого рода: он боялся более того, чтобы не узнала его половина, которая и без того страшною рукою своею сделала из его толстой косы самую узенькую.

— Ради бога, добродетельная Солоха, — говорил он, дрожа всем телом. — Ваша доброта, как говорит писание Луки глава

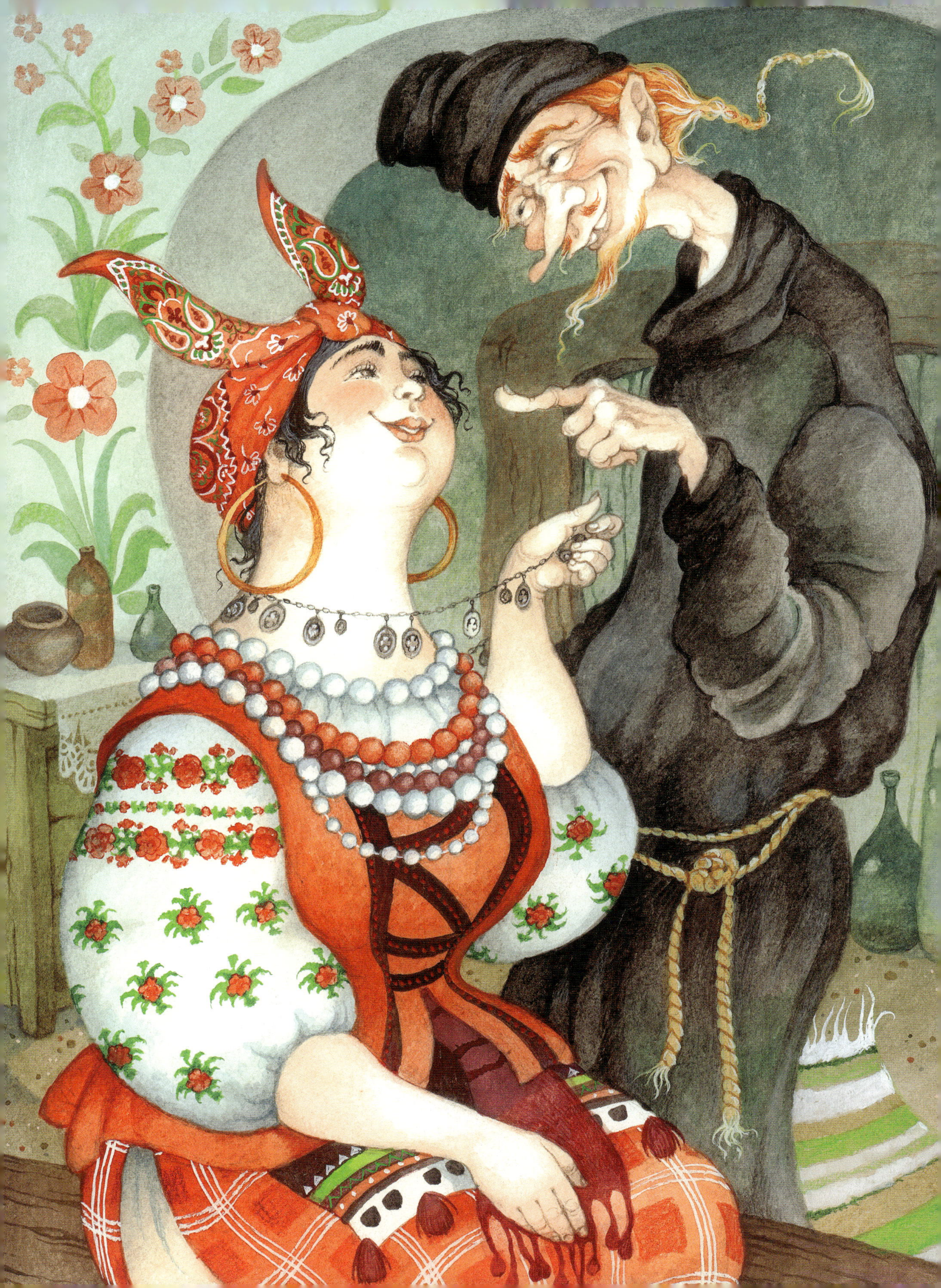

трина... трин... Стучатся, ей-богу, стучатся! Ох, спрячьте меня куда-нибудь.

Солоха высыпала уголь в кадку из другого мешка, и не слишком объемистый телом дьяк влез в него и сел на самое дно, так что сверх его можно было насыпать еще с полмешка угля.

— Здравствуй, Солоха! — сказал, входя в хату, Чуб. — Ты, может быть, не ожидала меня, а? правда, не ожидала? может быть, я помешал?.. — продолжал Чуб, показав на лице своем веселую и значительную мину, которая заранее давала знать, что неповоротливая голова его трудилась и готовилась отпустить какую-нибудь колкую и затейливую шутку. — Может быть, вы тут забавлялись с кем-нибудь?.. может быть, ты кого-нибудь спрятала уже, а? — И, восхищенный таким своим замечанием, Чуб засмеялся, внутренне торжествуя, что он один только пользуется благосклонностью Солохи. — Ну, Солоха, дай теперь выпить водки. Я думаю, у меня горло замерзло от проклятого морозу. Послал же Бог такую ночь перед Рождеством! Как схватилась, слышишь, Солоха, как схватилась... эк окостенели руки: не расстегну кожуха! как схватилась вьюга...

— Отвори! — раздался на улице голос, сопровождаемый толчком в дверь.

— Стучит кто-то, — сказал остановившийся Чуб.

— Отвори! — закричали сильнее прежнего.

— Это кузнец! — произнес, схватясь за капелюхи, Чуб. — Слышишь, Солоха: куда хочешь девай меня; я ни за что на свете не захочу показаться этому выродку проклятому, чтоб ему набежало, дьявольскому сыну, под обоими глазами по пузырю в копну величиною!

Солоха, испугавшись сама, металась как угорелая и, позабывшись, дала знак Чубу лезть в тот самый мешок, в котором сидел уже дьяк. Бедный дьяк не смел даже изъявить кашлем и кряхтением боли, когда сел ему почти на голову тяжелый мужик и поместил свои намерзнувшие на морозе сапоги по обеим сторонам его висков.

Кузнец вошел, не говоря ни слова, не снимая шапки, и почти повалился на лавку. Заметно, что он был весьма не в духе.

В то самое время, когда Солоха затворяла за ним дверь, кто-то постучался снова. Это был козак Свербыгуз. Этого уже нельзя было спрятать в мешок, потому что и мешка такого нельзя было найти. Он был погрузнее телом самого головы и повыше ростом Чубова кума. И потому Солоха вывела его в огород, чтобы выслушать от него все то, что он хотел ей объявить.

Кузнец рассеянно оглядывал углы своей хаты, вслушиваясь по временам в далеко разносившиеся песни колядующих; наконец остановил глаза на мешках: «Зачем тут лежат эти мешки? их давно бы пора убрать отсюда. Через эту глупую любовь я одурел совсем. Завтра праздник, а в хате до сих пор лежит всякая дрянь. Отнести их в кузницу!»

Тут кузнец присел к огромным мешкам, перевязал их крепче и готовился взвалить себе на плечи. Но заметно было, что его мысли гуляли бог знает где, иначе он бы услышал, как зашипел Чуб, когда волоса на голове его прикрутила завязавшая мешок веревка, и дюжий голова начал было икать довольно явственно.

— Неужели не выбьется из ума моего эта негодная Оксана? — говорил кузнец, — не хочу думать о ней; а все думается, и, как нарочно, о ней одной только. Отчего это так, что дума против воли лезет в голову? Кой черт, мешки стали как будто тяжелее прежнего! Тут, верно, положено еще что-нибудь, кроме угля. Дурень я! и позабыл, что теперь мне все кажется тяжелее. Прежде, бывало, я мог согнуть и разогнуть в одной руке медный пятак и лошадиную подкову; а теперь мешков с углем не подыму. Скоро буду от ветра валиться. Нет, — вскричал он, помолчав и ободрившись, — что я за баба! Не дам никому смеяться над собою! Хоть десять таких мешков, все подыму. — И бодро взвалил себе на плеча мешки, которых не понесли бы два дюжих человека. — Взять и этот, — продолжал он, подымая маленький, на дне которого лежал, свернувшись, черт. —

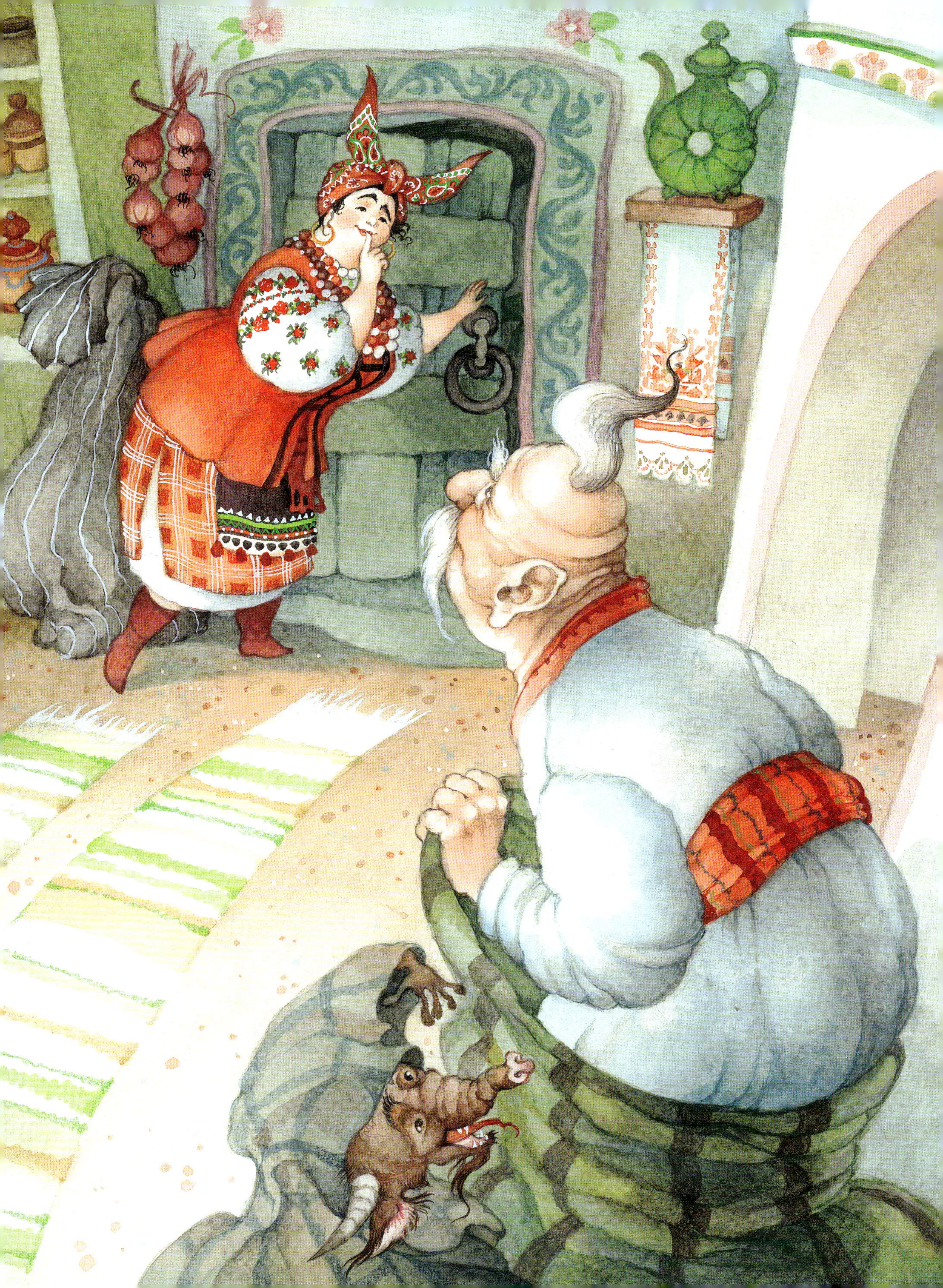

Тут, кажется, я положил струмент свой. — Сказав это, он вышел вон из хаты, насвистывая песню:

Мені с жінкой не возиться.

Шумнее и шумнее раздавались по улицам песни и крики. Толпы толкавшегося народа были увеличены еще пришедшими из соседних деревень. Парубки шалили и бесились вволю. Часто между колядками слышалась какая-нибудь веселая песня, которую тут же успел сложить кто-нибудь из молодых козаков. То вдруг один из толпы вместо колядки отпускал щедровку и ревел во все горло:

> Щедрик, ведрик!
> Дайте вареник,
> Грудочку кашки,
> Кільце ковбаски!

Хохот награждал затейника. Маленькие окна подымались, и сухощавая рука старухи, которые одни только вместе со степенными отцами оставались в избах, высовывалась из окошка с колбасою в руках или куском пирога. Парубки и девушки наперерыв подставляли мешки и ловили свою добычу. В одном месте парубки, зашедши со всех сторон, окружали толпу девушек: шум, крик, один бросал комом снега, другой вырывал мешок со всякой всячиной. В другом месте девушки ловили парубка, подставляли ему ногу, и он летел вместе с мешком стремглав на землю. Казалось, всю ночь напролет готовы были провеселиться. И ночь, как нарочно, так роскошно теплилась! и еще белее казался свет месяца от блеска снега.

Кузнец остановился с своими мешками. Ему почудился в толпе девушек голос и тоненький смех Оксаны. Все жилки в нем вздрогнули; бросивши на землю мешки так, что находившийся на дне дьяк заохал от ушибу и голова икнул во все горло, побрел он с маленьким мешком на плечах вместе с толпою парубков, шедших следом за девичьей толпою, между которою ему послышался голос Оксаны.

«Так, это она! стоит, как царица, и блестит черными очами! Ей рассказывает что-то видный парубок; верно, забавное, потому что она смеется. Но она всегда смеется». Как будто невольно, сам не понимая как, протерся кузнец сквозь толпу и стал около нее.

— А, Вакула, ты тут! здравствуй! — сказала красавица с той же самой усмешкой, которая чуть не сводила Вакулу с ума. — Ну, много наколядовал? Э, какой маленький мешок! а черевики, которые носит царица, достал? достань черевики, выйду замуж! — И, засмеявшись, убежала с толпою.

Как вкопанный стоял кузнец на одном месте. «Нет, не могу; нет сил больше… — произнес он наконец. — Но боже ты мой, отчего она так чертовски хороша? Ее взгляд, и речи, и все, ну вот так и жжет, так и жжет… Нет, невмочь уже пересилить себя! Пора положить конец всему: пропадай душа, пойду утоплюсь в пролубе, и поминай как звали!»

Тут решительным шагом пошел он вперед, догнал толпу, поравнялся с Оксаною и сказал твердым голосом:

— Прощай, Оксана! Ищи себе какого хочешь жениха, дурачь кого хочешь; а меня не увидишь уже больше на этом свете.

Красавица казалась удивленною, хотела что-то сказать, но кузнец махнул рукою и убежал.

— Куда, Вакула? — кричали парубки, видя бегущего кузнеца.

— Прощайте, братцы! — кричал в ответ кузнец. — Даст бог, увидимся на том свете, а на этом уже не гулять нам вместе. Прощайте, не поминайте лихом! Скажите отцу Кондрату, чтобы сотворил панихиду по моей грешной душе. Свечей к иконам чудотворца и Божией Матери, грешен, не обмалевал за мирскими делами. Все добро, какое найдется в моей скрыне, на церковь! Прощайте!

Проговоривши это, кузнец принялся снова бежать с мешком на спине.

— Он повредился! — говорили парубки.

— Пропадшая душа! — набожно пробормотала проходившая мимо старуха. — Пойти рассказать, как кузнец повесился!

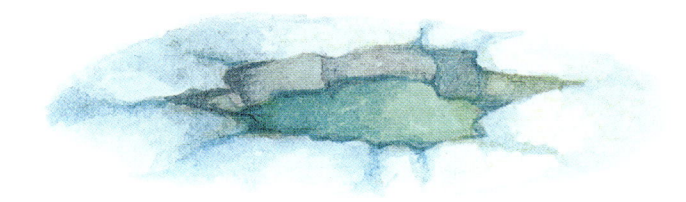

Вакула между тем, пробежавши несколько улиц, остановился перевесть дух. «Куда я, в самом деле, бегу? — подумал он, — как будто уже все пропало. Попробую еще средство: пойду к запорожцу Пузатому Пацюку. Он, говорят, знает всех чертей и все сделает, что захочет. Пойду, ведь душе все же придется пропадать!»

При этом черт, который долго лежал без всякого движения, запрыгал в мешке от радости; но кузнец, подумав, что он как-нибудь зацепил мешок рукою и произвел сам это движение, ударил по мешку дюжим кулаком и, встряхнув его на плечах, отправился к Пузатому Пацюку.

Этот Пузатый Пацюк был точно когда-то запорожцем; но выгнали его или он сам убежал из Запорожья, этого никто не знал. Давно уже, лет десять, а может, и пятнадцать, как он жил в Диканьке. Сначала он жил, как настоящий запорожец: ничего не работал, спал три четверти дня, ел за шестерых косарей и выпивал за одним разом почти по целому ведру; впрочем, было где и поместиться, потому что Пацюк, несмотря на небольшой рост, в ширину был довольно увесист. Притом шаровары, которые носил он, были так широки, что, какой бы большой ни сделал он шаг, ног было совершенно не заметно, и казалось — винокуренная кадь двигалась по улице. Может быть, это самое подало повод прозвать его Пузатым. Не прошло нескольких дней после прибытия его в село, как все уже узнали, что он знахарь. Бывал ли кто болен чем, тотчас призывал Пацюка; а Пацюку стоило только пошептать несколько слов, и недуг как будто рукою снимался. Случалось ли, что проголодавшийся дворянин подавился рыбьей костью, Пацюк умел так искусно ударить кулаком в спину, что кость отправлялась куда ей следует, не причинив никакого вреда дворянскому горлу. В последнее время его редко видали где-нибудь. Причина этому была, может быть, лень, а может, и то, что пролезать в двери делалось для него с каждым годом труднее. Тогда миряне должны были отправляться к нему сами, если имели в нем нужду.

Кузнец не без робости отворил дверь и увидел Пацюка, сидевшего на полу по-турецки перед небольшою кадушкою, на которой стояла миска с галушками. Эта миска стояла, как нарочно, наравне с его ртом. Не подвинувшись ни одним пальцем, он наклонил слегка голову к миске и хлебал жижу, схватывая по временам зубами галушки.

«Нет, этот, — подумал Вакула про себя, — еще ленивее Чуба: тот, по крайней мере, ест ложкою, а этот и руки не хочет поднять!»

Пацюк, верно, крепко занят был галушками, потому что, казалось, совсем не заметил прихода кузнеца, который, едва ступивши на порог, отвесил ему пренизкий поклон.

— Я к твоей милости пришел, Пацюк! — сказал Вакула, кланяясь снова.

Толстый Пацюк поднял голову и снова начал хлебать галушки.

— Ты, говорят, не во гнев будь сказано... — сказал, собираясь с духом, кузнец, — я веду об этом речь не для того, чтобы тебе нанести какую обиду, — приходишься немного сродни черту.

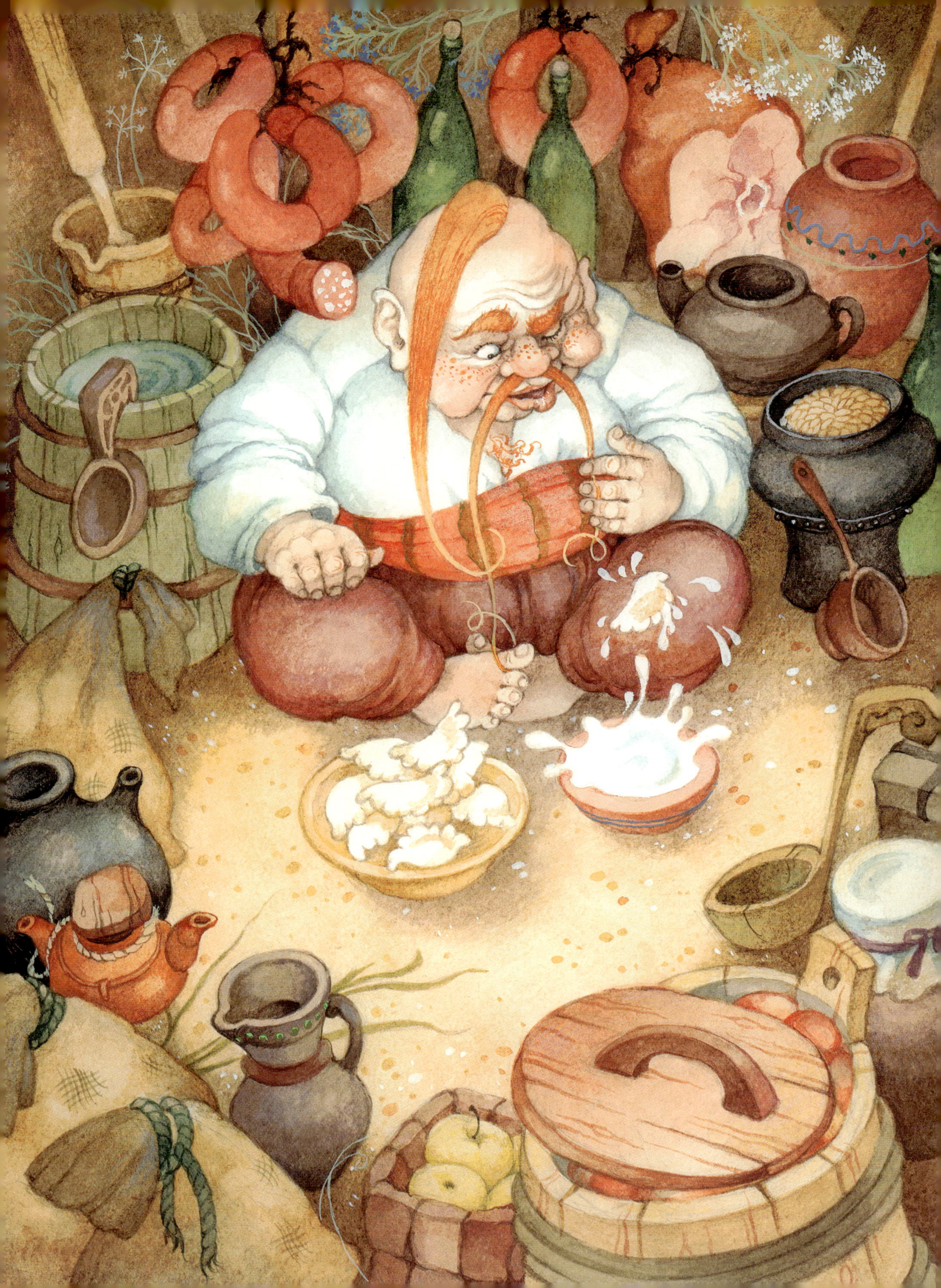

Проговоря эти слова, Вакула испугался, подумав, что выразился все еще напрямик и мало смягчил крепкие слова, и, ожидая, что Пацюк, схвативши кадушку вместе с мискою, пошлет ему прямо в голову, отсторонился немного и закрылся рукавом, чтобы горячая жижа с галушек не обрызгала ему лица.

Но Пацюк взглянул и снова начал хлебать галушки. Ободренный кузнец решился продолжать:

— К тебе пришел, Пацюк, дай боже тебе всего, добра всякого в довольствии, хлеба в пропорции! — Кузнец иногда умел ввернуть модное слово; в том он понаторел в бытность еще в Полтаве, когда размалевывал сотнику дощатый забор. — Пропадать приходится мне, грешному! ничто не помогает на свете! Что будет, то будет, приходится просить помощи у самого черта. Что ж, Пацюк? — произнес кузнец, видя неизменное его молчание, — как мне быть?

— Когда нужно черта, то и ступай к черту! — отвечал Пацюк, не подымая на него глаз и продолжая убирать галушки.

— Для того-то я и пришел к тебе, — отвечал кузнец, отвешивая поклон, — кроме тебя, думаю, никто на свете не знает к нему дороги.

Пацюк ни слова и доедал остальные галушки.

— Сделай милость, человек добрый, не откажи! — наступал кузнец, — свинины ли, колбас, муки гречневой, ну, полотна, пшена или иного прочего, в случае потребности... как обыкновенно между добрыми людьми водится... не поскупимся. Расскажи хоть, как, примерно сказать, попасть к нему на дорогу?

— Тому не нужно далеко ходить, у кого черт за плечами, — произнес равнодушно Пацюк, не изменяя своего положения.

Вакула уставил на него глаза, как будто бы на лбу его написано было изъяснение этих слов. «Что он говорит?» — безмолвно спрашивала его мина; а полуотверстый рот готовился проглотить, как галушку, первое слово. Но Пацюк молчал.

Тут заметил Вакула, что ни галушек, ни кадушки перед ним не было; но вместо того на полу стояли две деревянные миски;

одна была наполнена варениками, другая сметаною. Мысли его и глаза невольно устремились на эти кушанья. «Посмотрим, — говорил он сам себе, — как будет есть Пацюк вареники. Наклоняться он, верно, не захочет, чтобы хлебать, как галушки, да и нельзя: нужно вареник сперва обмакнуть в сметану».

Только что он успел это подумать, Пацюк разинул рот, поглядел на вареники и еще сильнее разинул рот. В это время вареник выплеснул из миски, шлепнулся в сметану, перевернулся на другую сторону, подскочил вверх и как раз попал ему в рот. Пацюк съел и снова разинул рот, и вареник таким же порядком отправился снова. На себя только принимал он труд жевать и проглатывать.

«Вишь, какое диво!» — подумал кузнец, разинув от удивления рот, и тот же час заметил, что вареник лезет и к нему в рот и уже вымазал губы сметаною. Оттолкнувши вареник и вытерши губы, кузнец начал размышлять о том, какие чудеса бывают на свете и до каких мудростей доводит человека нечистая сила, заметя притом, что один только Пацюк может помочь ему. «Поклонюсь ему еще, пусть растолкует хорошенько... Однако что за черт! ведь сегодня *голодная кутья*, а он ест вареники, вареники скоромные! Что я, в самом деле, за дурак, стою тут и греха набираюсь! Назад!» И набожный кузнец опрометью выбежал из хаты.

Однако ж черт, сидевший в мешке и заранее уже радовавшийся, не мог вытерпеть, чтобы ушла из рук его такая славная добыча. Как только кузнец опустил мешок, он выскочил из него и сел верхом ему на шею.

Мороз подрал по коже кузнеца; испугавшись и побледнев, не знал он, что делать; уже хотел перекреститься... Но черт, наклонив свое собачье рыльце ему на правое ухо, сказал:

— Это я — твой друг, все сделаю для товарища и друга! Денег дам сколько хочешь, — пискнул он ему в левое ухо. — Оксана будет сегодня же наша, — шепнул он, заворотивши свою морду снова на правое ухо.

Кузнец стоял размышляя.

— Изволь, — сказал он наконец, — за такую цену готов быть твоим!

Черт всплеснул руками и начал от радости галопировать на шее кузнеца. «Теперь-то попался кузнец! — думал он про себя, — теперь-то я вымещу на тебе, голубчик, все твои малеванья и небылицы, взводимые на чертей. Что теперь скажут мои товарищи, когда узнают, что самый набожнейший из всего села человек в моих руках?» Тут черт засмеялся от радости, вспомнивши, как будет дразнить в аде все хвостатое племя, как будет беситься хромой черт, считавшийся между ними первым на выдумки.

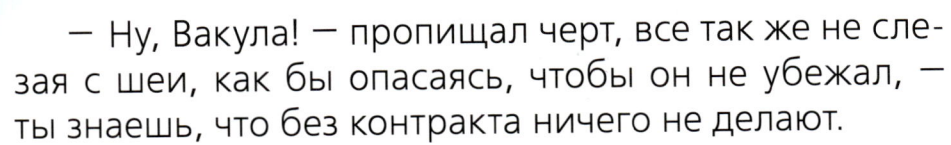

— Ну, Вакула! — пропищал черт, все так же не слезая с шеи, как бы опасаясь, чтобы он не убежал, — ты знаешь, что без контракта ничего не делают.

— Я готов! — сказал кузнец. — У вас, я слышал, расписываются кровью; постой же, я достану в кармане гвоздь! — Тут он заложил назад руку — и хвать черта за хвост.

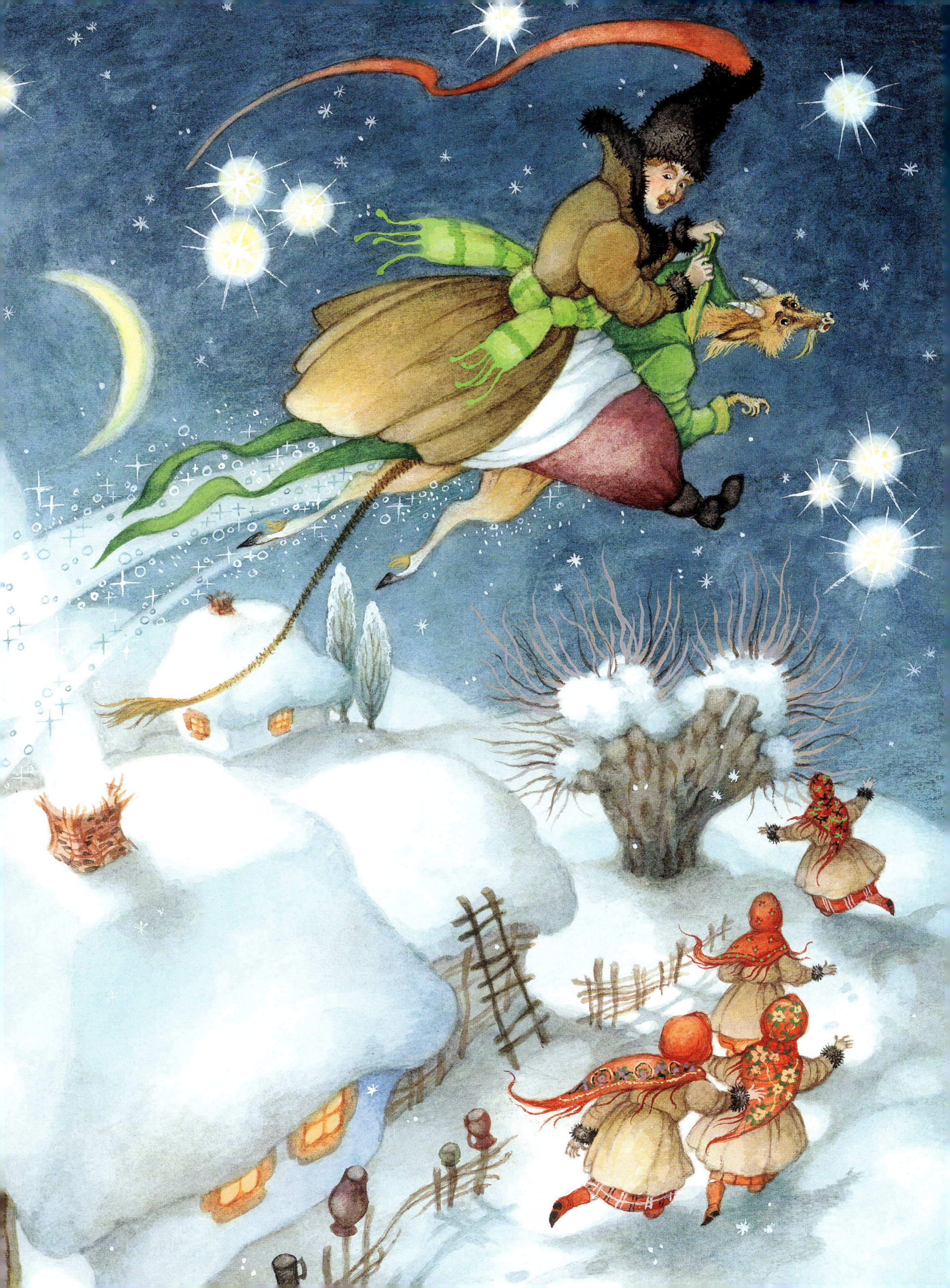

— Вишь, какой шутник! — закричал, смеясь, черт. — Ну, полно, довольно уже шалить!

— Постой, голубчик! — закричал кузнец, — а вот это как тебе покажется? — При сем слове он сотворил крест, и черт сделался так тих, как ягненок. — Постой же, — сказал он, стаскивая его за хвост на землю, — будешь ты у меня знать подучивать на грехи добрых людей и честных христиан! — Тут кузнец, не выпуская хвоста, вскочил на него верхом и поднял руку для крестного знамения.

— Помилуй, Вакула! — жалобно простонал черт, — все, что для тебя нужно, все сделаю, отпусти только душу на покаяние: не клади на меня страшного креста!

— А, вот каким голосом запел, немец проклятый! Теперь я знаю, что делать. Вези меня сей же час на себе! слышишь, неси, как птица!

— Куда? — произнес печальный черт.

— В Петембург, прямо к царице!

И кузнец обомлел от страха, чувствуя себя подымающимся на воздух.

Долго стояла Оксана, раздумывая о странных речах кузнеца. Уже внутри ее что-то говорило, что она слишком жестоко поступила с ним. Что, если он в самом деле решится на что-нибудь страшное? «Чего доброго! может быть, он с горя вздумает влюбиться в другую и с досады станет называть ее первою красавицею на селе? Но нет, он меня любит. Я так хороша! Он меня ни за что не променяет; он шалит, прикидывается. Не пройдет минут десять, как он, верно, придет поглядеть на меня. Я в самом деле сурова. Нужно ему дать, как будто нехотя, поцеловать себя. То-то он обрадуется!» И ветреная красавица уже шутила со своими подругами.

— Постойте, — сказала одна из них, — кузнец позабыл мешки свои; смотрите, какие страшные мешки! Он не по-нашему наколядовал: я думаю, сюда по целой четверти барана кидали; а колбасам и хлебам, верно, счету нет. Роскошь! целые праздники можно объедаться.

— Это кузнецовы мешки? — подхватила Оксана. — Утащим скорее их ко мне в хату и разглядим хорошенько, что он сюда наклал.

Все со смехом одобрили такое предложение.

— Но мы не поднимем их! — закричала вся толпа вдруг, силясь сдвинуть мешки.

— Постойте, — сказала Оксана, — побежим скорее за санками и отвезем на санках!

И толпа побежала за санками.

Пленникам сильно прискучило сидеть в мешках, несмотря на то что дьяк проткнул для себя пальцем порядочную дыру. Если бы еще не было народу, то, может быть, он нашел бы средство вылезть; но вылезть из мешка при всех, показать себя на смех... это удерживало его, и он решился ждать, слегка только покряхтывая под невежливыми сапогами Чуба. Чуб сам не менее желал свободы, чувствуя, что под ним лежит что-то такое, на котором сидеть страх было неловко. Но как скоро услышал решение своей дочери, то успокоился и не хотел уже вылезть, рассуждая, что к хате своей нужно пройти по крайней мере шагов с сотню, а может быть, и другую. Вылезши же, нужно оправиться, застегнуть кожух, подвязать пояс — сколько работы! да и капелюхи остались у Солохи. Пусть же лучше дивчата довезут на санках. Но случилось совсем не так, как ожидал Чуб. В то время, когда дивчата побежали за санками, худощавый кум выходил из шинка расстроенный и не в духе. Шинкарка никаким образом не решалась ему верить в долг; он хотел было дожидаться, авось-либо придет какой-нибудь набожный дворянин и попотчует его; но, как нарочно, все дворяне оставались дома и, как честные христиане, ели кутью посреди своих домашних. Размышляя о развращении нравов и о деревянном сердце жидовки, продающей вино, кум набрел на мешки и остановился в изумлении.

— Вишь, какие мешки кто-то бросил на дороге! — сказал он, осматриваясь по сторонам, — должно быть, тут и свинина есть. Полезло же кому-то счастие наколядовать столько всякой всячины! Экие страшные мешки! Положим, что они набиты гречаниками да коржами, и то *добре*. Хотя бы были тут одни паляницы, и то в *шмак*: жидовка за каждую паляницу дает осьмуху водки. Утащить скорее, чтобы кто не увидел. — Тут взвалил он себе на плеча мешок с Чубом и дьяком, но почувствовал, что он слишком тяжел. — Нет, одному будет тяжело несть, — проговорил он, — а вот, как нарочно, идет ткач Шапуваленко. Здравствуй, Остап!

— Здравствуй, — сказал, остановившись, ткач.

— Куда идешь?

— А так, иду, куда ноги идут.

— Помоги, человек добрый, мешки снесть! кто-то колядовал, да и кинул посереди дороги. Добром разделимся пополам.

— Мешки? а с чем мешки, с кнышами или паляницами?

— Да, думаю, всего есть.

Тут выдернули они наскоро из плетня палки, положили на них мешок и понесли на плечах.

— Куда ж мы понесем его? в шинок? — спросил дорогою ткач.

— Оно бы и я так думал, чтобы в шинок; но ведь проклятая жидовка не поверит, подумает еще, что где-нибудь украли; к тому же я только что из шинка. Мы отнесем его в мою хату. Нам никто не помешает: жинки нет дома.

— Да точно ли нет дома? — спросил осторожный ткач.

— Слава богу, мы не совсем еще без ума, — сказал кум, — черт ли бы принес меня туда, где она. Она, думаю, протаскается с бабами до света.

— Кто там? — закричала кумова жена, услышав шум в сенях, произведенный приходом двух приятелей с мешком, и отворяя дверь.

Кум остолбенел.

— Вот тебе на! — произнес ткач, опустя руки.

Кумова жена была такого рода сокровище, каких немало на белом свете. Так же как и ее муж, она почти никогда не сидела дома и почти весь день пресмыкалась у кумушек и зажиточных старух, хвалила и ела с большим аппетитом и дралась только по утрам с своим мужем, потому что в это только время и видела его иногда. Хата их была вдвое старее шаровар волостного писаря, крыша в некоторых местах была без соломы. Плетня видны были одни остатки, потому что всякий выходивший из дому никогда не брал палки для собак, в надежде, что будет проходить мимо кумова огорода и выдернет любую из его плетня. Печь не топилась дня по три. Все, что ни напрашивала нежная супруга у добрых людей, прятала как можно подалее от своего мужа и часто самоуправно отнимала у него добычу, если он не успевал ее пропить в шинке. Кум, несмотря на всегдашнее хладнокровие, не любил уступать ей и оттого почти всегда уходил из дому с фонарями под обоими глазами, а дорогая половина, охая, плелась рассказывать старушкам о бесчинстве своего мужа и о претерпенных ею от него побоях.

Теперь можно себе представить, как были озадачены ткач и кум таким неожиданным явлением. Опустивши мешок, они заступили его собою и закрыли полами; но уже было поздно: кумова жена хотя и дурно видела старыми глазами, однако ж мешок заметила.

— Вот это хорошо! — сказала она с таким видом, в котором заметна была радость ястреба. — Это хорошо, что наколядовали столько! Вот так всегда делают добрые люди; только нет, я думаю, где-нибудь подцепили. Покажите мне сей час, слышите, покажите сей же час мешок ваш!

— Лысый черт тебе покажет, а не мы, — сказал, приосанясь, кум.

— Тебе какое дело? — сказал ткач, — мы наколядовали, а не ты.

— Нет, ты мне покажешь, негодный пьяница! — вскричала жена, ударив высокого кума кулаком в подбородок и продираясь к мешку.

Но ткач и кум мужественно отстояли мешок и заставили ее попятиться назад. Не успели они оправиться, как супруга выбежала в сени уже с кочергою в руках. Проворно хватила

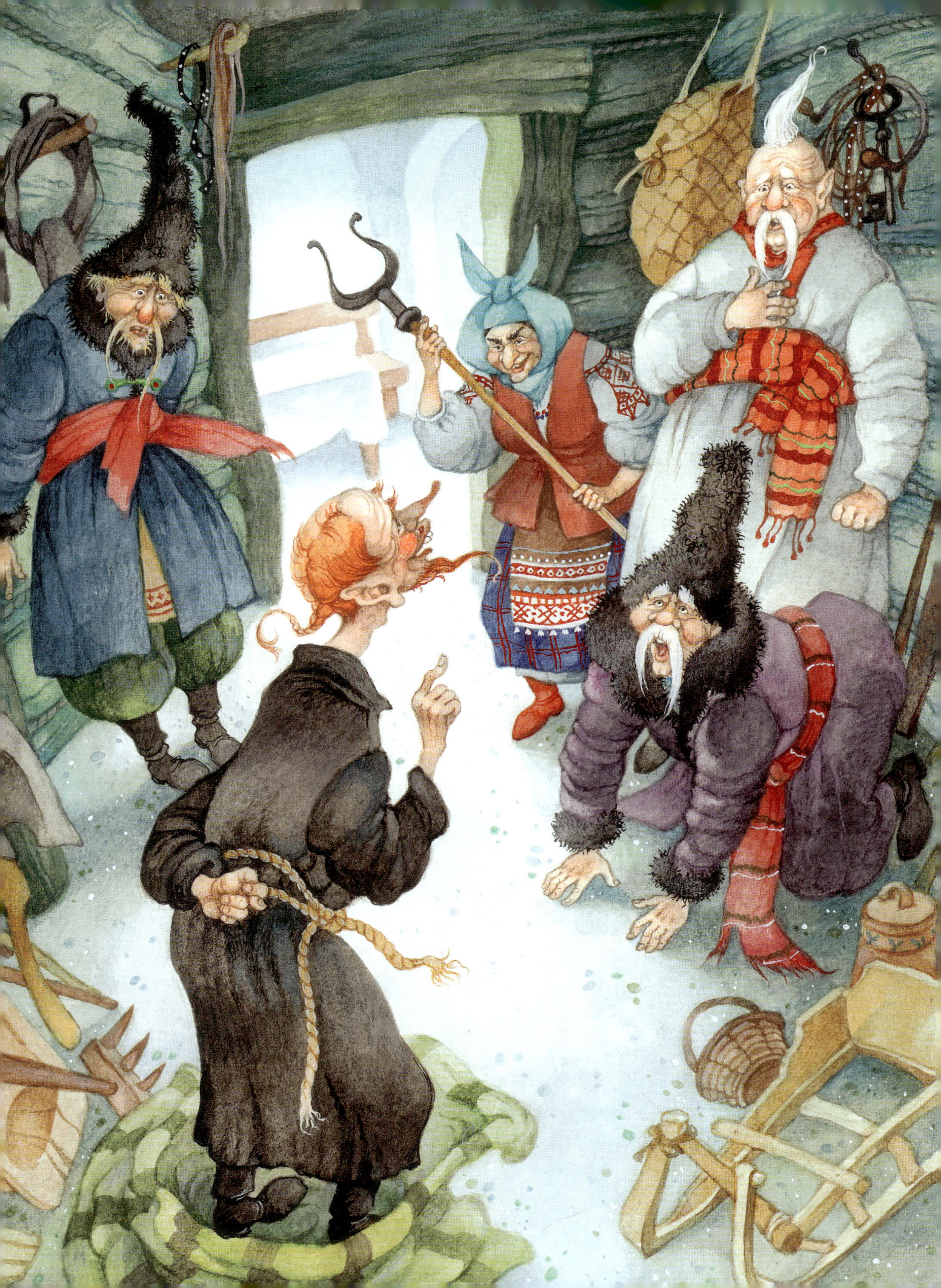

кочергою мужа по рукам, ткача по спине и уже стояла возле мешка.

— Что мы допустили ее? — сказал ткач, очнувшись.

— Э, что мы допустили! а отчего ты допустил? — сказал хладнокровно кум.

— У вас кочерга, видно, железная! — сказал после небольшого молчания ткач, почесывая спину. — Моя жинка купила прошлый год на ярмарке кочергу, дала пивкопы, — та ничего... не больно...

Между тем торжествующая супруга, поставив на пол каганец, развязала мешок и заглянула в него. Но, верно, старые глаза ее, которые так хорошо увидели мешок, на этот раз обманулись.

— Э, да тут лежит целый кабан! — вскрикнула она, всплеснув от радости в ладоши.

— Кабан! слышишь, целый кабан! — толкал ткач кума. — А все ты виноват!

— Что ж делать! — произнес, пожимая плечами, кум.

— Как что? чего мы стоим? отнимем мешок! ну, приступай!

— Пошла прочь! пошла! это наш кабан! — кричал, выступая, ткач.

— Ступай, ступай, чертова баба! это не твое добро! — говорил, приближаясь, кум.

Супруга принялась снова за кочергу, но Чуб в это время вылез из мешка и стал посреди сеней, потягиваясь, как человек, только что пробудившийся от долгого сна.

Кумова жена вскрикнула, ударивши об полы руками, и все невольно разинули рты.

— Что ж она, дура, говорит: кабан! Это не кабан! — сказал кум, выпуча глаза.

— Вишь, какого человека кинуло в мешок! — сказал ткач, пятясь от испугу. — Хоть что хочешь говори, хоть тресни, а не обошлось без нечистой силы. Ведь он не пролезет в окошко.

— Это кум! — вскрикнул, вглядевшись, кум.

— А ты думал кто? — сказал Чуб, усмехаясь. — Что, славную я выкинул над вами штуку? А вы небось хотели меня съесть вместо свинины? Постойте же, я вас порадую: в мешке лежит еще что-то, — если не кабан, то, наверно, поросенок или иная живность. Подо мною беспрестанно что-то шевелилось.

Ткач и кум кинулись к мешку, хозяйка дома уцепилась с противной стороны, и драка возобновилась бы снова, если бы дьяк, увидевши теперь, что ему некуда скрыться, не выкарабкался из мешка.

Кумова жена, остолбенев, выпустила из рук ногу, за которую начала было тянуть дьяка из мешка.

— Вот и другой еще! — вскрикнул со страхом ткач. — Черт знает как стало на свете... голова идет кругом... не колбас и не паляниц, а людей кидают в мешки!

— Это дьяк! — произнес изумившийся более всех Чуб. — Вот тебе на! ай да Солоха! посадить в мешок... То-то, я гляжу, у нее полная хата мешков... Теперь я все знаю: у нее в каждом мешке сидело по два человека. А я думал, что она только мне одному... Вот тебе и Солоха!

Девушки немного удивились, не найдя одного мешка. «Нечего делать, будет с нас и этого», — лепетала Оксана. Все принялись за мешок и взвалили его на санки.

Голова решился молчать, рассуждая: если он закричит, чтобы его выпустили и развязали мешок, — глупые дивчата разбегутся, подумают, что в мешке сидит дьявол, и он останется на улице, может быть, до завтра.

Девушки между тем, дружно взявшись за руки, полетели, как вихорь, с санками по скрыпучему снегу. Множество, шаля, садилось на санки; другие взбирались на самого голову. Голова решился сносить все. Наконец приехали, отворили настежь двери в сенях и хате и с хохотом втащили мешок.

— Посмотрим, что-то лежит тут, — закричали все, бросившись развязывать.

Тут икотка, которая не переставала мучить голову во все время сидения его в мешке, так усилилась, что он начал икать и кашлять во все горло.

— Ах, тут сидит кто-то! — закричали все и в испуге бросились вон из дверей.

— Что за черт! куда вы мечетесь как угорелые? — сказал, входя в дверь, Чуб.

— Ах, батько! — произнесла Оксана, — в мешке сидит кто-то!

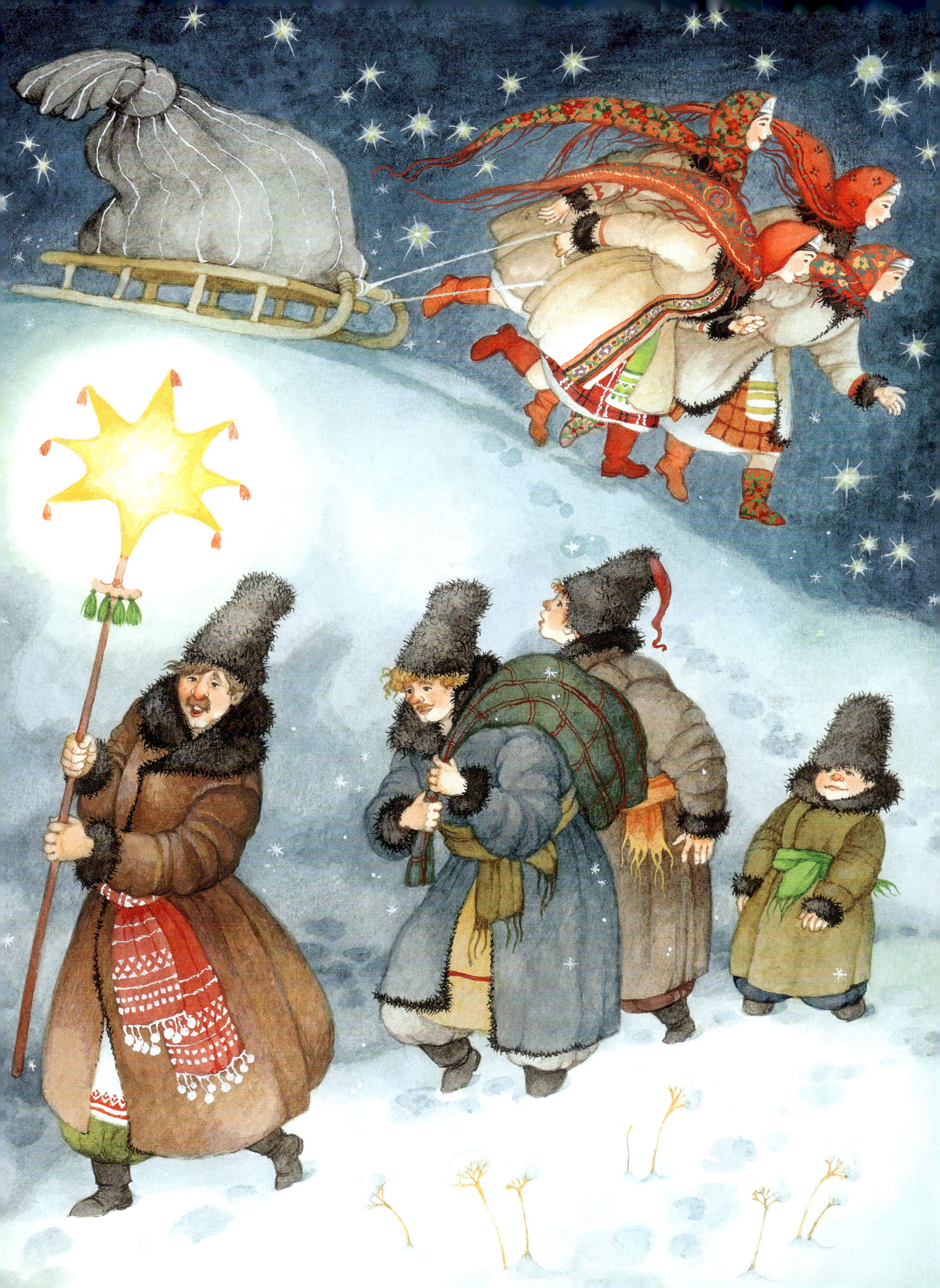

— В мешке? где вы взяли этот мешок?

— Кузнец бросил его посереди дороги, — сказали все вдруг.

«Ну, так, не говорил ли я?..» — подумал про себя Чуб.

— Чего ж вы испугались? посмотрим. А ну-ка, чоловиче, прошу не погневиться, что не называем по имени и отчеству, вылезай из мешка!

Голова вылез.

— Ах! — вскрикнули девушки.

«И голова влез туда ж, — говорил про себя Чуб в недоумении, меряя его с головы до ног, — вишь как!.. Э!..» — более он ничего не мог сказать.

Голова сам был не меньше смущен и не знал, что начать.

— Должно быть, на дворе холодно? — сказал он, обращаясь к Чубу.

— Морозец есть, — отвечал Чуб. — А позволь спросить тебя, чем ты смазываешь свои сапоги, смальцем или дегтем?

Он хотел не то сказать, он хотел спросить: «Как ты, голова, залез в этот мешок?» — но сам не понимал, как выговорил совершенно другое.

— Дегтем лучше! — сказал голова. — Ну, прощай, Чуб! — И, нахлобучив капелюхи, вышел из хаты.

— Для чего спросил я сдуру, чем он мажет сапоги! — произнес Чуб, поглядывая на двери, в которые вышел голова. — Ай да Солоха! эдакого человека засадить в мешок!.. Вишь, чертова баба! А я дурак... да где же тот проклятый мешок?

— Я кинула его в угол, там больше ничего нет, — сказала Оксана.

— Знаю я эти штуки, ничего нет! подайте его сюда: там еще один сидит! встряхните его хорошенько... Что, нет?.. Вишь, проклятая баба! А поглядеть на нее — как святая, как будто и скоромного никогда не брала в рот.

Но оставим Чуба изливать на досуге свою досаду и возвратимся к кузнецу, потому что уже на дворе, верно, есть час девятый.

Сначала страшно показалось Вакуле, когда поднялся он от земли на такую высоту, что ничего уже не мог видеть внизу, и пролетел как муха под самым месяцем так, что если бы не наклонился немного, то зацепил бы его шапкою. Однако ж мало спустя он ободрился и уже стал подшучивать над чертом. Его забавляло до крайности, как черт чихал и кашлял, когда он снимал с шеи кипарисный крестик и подносил к нему. Нарочно поднимал он руку почесать голову, а черт, думая, что его собираются крестить, летел еще быстрее. Все было светло в вышине. Воздух в легком серебряном тумане был прозрачен. Все было видно; и даже можно было заметить, как вихрем пронесся мимо их, сидя в горшке, колдун; как звезды, собравшись в кучу, играли в жмурки; как клубился в стороне облаком целый рой духов; как плясавший при месяце черт снял шапку, увидавши кузнеца, скачущего верхом; как летела возвращавшаяся назад метла, на которой, видно, только что съездила, куда нужно, ведьма... много еще дряни встречали они. Все, видя кузнеца, на минуту останавливалось поглядеть на него и потом снова неслось далее и продолжало свое; кузнец все летел; и вдруг заблестел перед ним Петербург весь в огне. (Тогда была по какому-то случаю иллюминация.)

Черт, перелетев через шлагбаум, оборотился в коня, и кузнец увидел себя на лихом бегуне середи улицы.

Боже мой! стук, гром, блеск; по обеим сторонам громоздятся четырехэтажные стены; стук копыт коня, звук колеса отзывались громом и отдавались с четырех сторон; домы росли и будто подымались из земли на каждом шагу; мосты дрожали; кареты летали; извозчики, форейторы кричали; снег свистел под тысячью летящих со всех сторон саней; пешеходы жались и теснились под домами, унизанными плошками, и огромные тени их мелькали по стенам, досягая головою труб и крыш. С изумлением оглядывался кузнец на все стороны. Ему казалось, что все домы устремили на него свои бесчисленные огненные очи и глядели. Господ в крытых сукном шубах он увидел так много, что не знал, кому шапку снимать. «Боже ты мой, сколько тут панства! — подумал кузнец. — Я думаю, каждый, кто ни пройдет по улице в шубе, то и заседатель, то и заседатель! а те, что катаются в таких чудных бричках со стеклами, те когда не городничие, то, верно, комиссары, а может, еще и больше». Его слова прерваны были вопросом черта: «Прямо ли ехать к царице?» «Нет, страшно, — подумал кузнец. — Тут где-то, не знаю, пристали запорожцы, которые проезжали осенью чрез Диканьку. Они ехали из Сечи с бумагами к царице; все бы таки посоветоваться с ними».

— Эй, сатана, полезай ко мне в карман да веди к запорожцам!

Черт в одну минуту похудел и сделался таким маленьким, что без труда влез к нему в карман. А Вакула не успел оглянуться, как очутился перед большим домом, вошел, сам не зная как, на лестницу, отворил дверь и подался немного назад от блеска, увидевши убранную комнату, но немного ободрился, узнавши тех самых запорожцев, которые проезжали через Диканьку, сидевших на шелковых диванах, поджав под себя намазанные дегтем сапоги, и куривших самый крепкий табак, называемый обыкновенно корешками.

— Здравствуйте, панове! помогай бог вам! вот где увиделись! — сказал кузнец, подошедши близко и отвесивши поклон до земли.

— Что там за человек? — спросил сидевший перед самым кузнецом другого, сидевшего подалее.

— А вы не познали? — сказал кузнец, — это я, Вакула, кузнец! Когда проезжали осенью через Диканьку, то прогостили, дай боже вам всякого здоровья и долголетия, без малого два дни. И новую шину тогда поставил на переднее колесо вашей кибитки.

— А! — сказал тот же запорожец, — это тот самый кузнец, который малюет важно. Здоро́во, земляк, зачем тебя бог принес?

— А так, захотелось поглядеть, говорят...

— Что ж, земляк, — сказал, приосанясь, запорожец и желая показать, что он может говорить и по-русски, — што балшой город?

Кузнец и себе не хотел осрамиться и показаться новичком, притом же, как имели случай видеть выше сего, он знал и сам грамотный язык.

— Губерния знатная! — отвечал он равнодушно. — Нечего сказать: домы балшущие, картины висят скрозь важные. Многие домы исписаны буквами из сусального золота до чрезвычайности. Нечего сказать, чудная пропорция!

Запорожцы, услышавши кузнеца, так свободно изъясняющегося, вывели заключение очень для него выгодное.

— После потолкуем с тобою, земляк, побольше; теперь же мы едем сейчас к царице.

— К царице? А будьте ласковы, панове, возьмите и меня с собою!

— Тебя? — произнес запорожец с таким видом, с каким говорит дядька четырехлетнему своему воспитаннику, просящему посадить его на настоящую, на большую лошадь. — Что ты будешь там делать? Нет, не можно. — При этом на лице его выразилась значительная мина. — Мы, брат, будем с царицею толковать про свое.

— Возьмите! — настаивал кузнец. — Проси! — шепнул он тихо черту, ударив кулаком по карману.

Не успел он этого сказать, как другой запорожец проговорил:

— Возьмем его, в самом деле, братцы!

— Пожалуй, возьмем! — произнесли другие.

— Надевай же платье такое, как и мы.

Кузнец схватился натянуть на себя зеленый жупан, как вдруг дверь отворилась и вошедший с позументами человек сказал, что пора ехать.

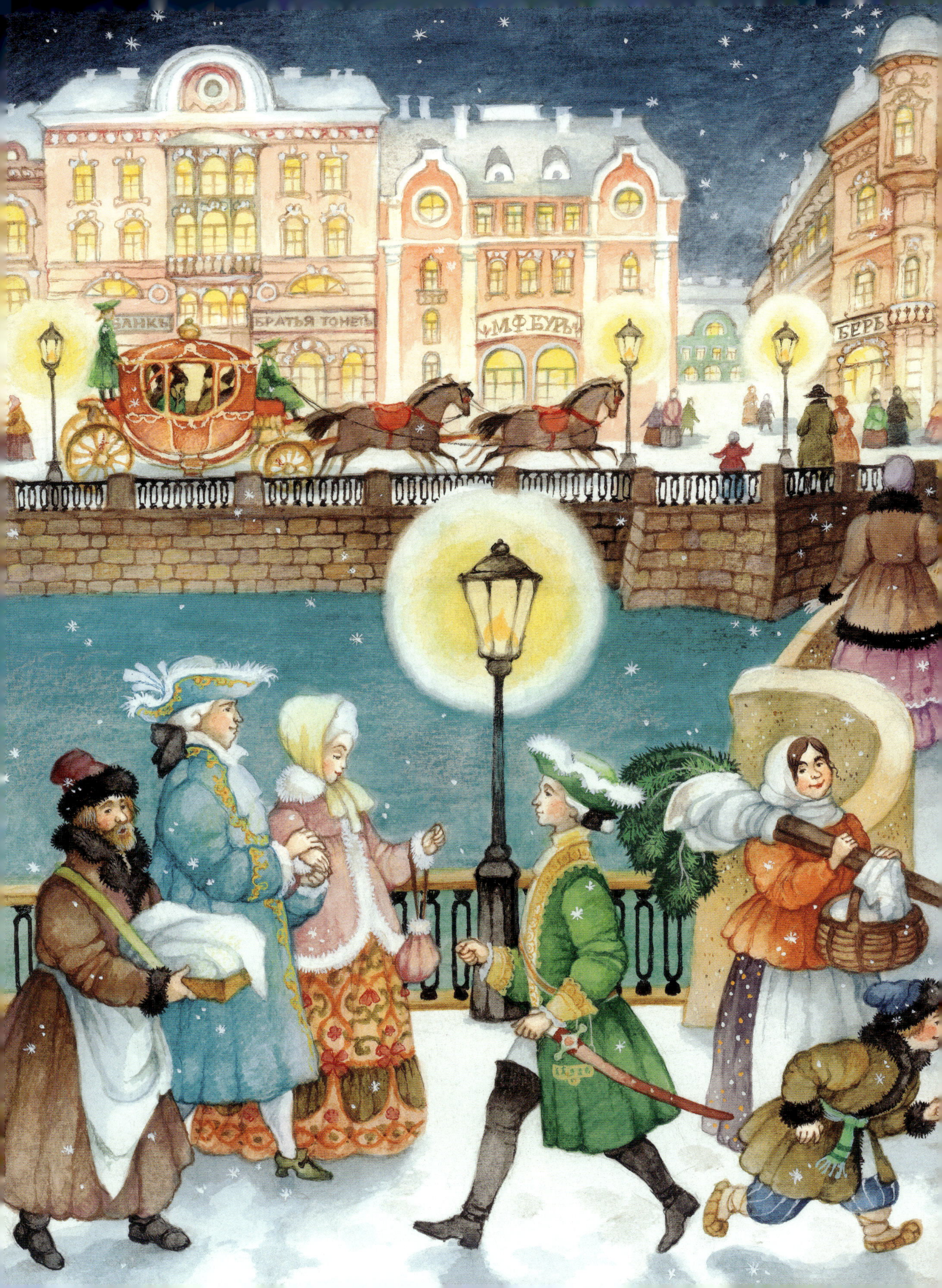
БАНКЪ
БРАТЬЯ ТОНЕТЪ
М.Ф.БУРЪ
БЕРЬ

Чудно́ снова показалось кузнецу, когда он понесся в огромной карете, качаясь на рессорах, когда с обеих сторон мимо его бежали назад четырехэтажные дома и мостовая, гремя, казалось, сама катилась под ноги лошадям.

«Боже ты мой, какой свет! — думал про себя кузнец. — У нас днем не бывает так светло».

Кареты остановились перед дворцом. Запорожцы вышли, вступили в великолепные сени и начали подыматься на блистательно освещенную лестницу.

— Что за лестница! — шептал про себя кузнец, — жаль ногами топтать. Экие украшения! Вот, говорят, лгут сказки! кой черт лгут! боже ты мой, что за перила! какая работа! тут одного железа рублей на пятьдесят пошло!

Уже взобравшись на лестницу, запорожцы прошли первую залу. Робко следовал за ними кузнец, опасаясь на каждом шагу поскользнуться на паркете. Прошли три залы, кузнец все еще не переставал удивляться. Вступивши в четвертую, он невольно подошел к висевшей на стене картине. Это была Пречистая Дева с младенцем на руках. «Что за картина! что за чудная живопись! — рассуждал он, — вот, кажется, говорит! кажется, живая! а дитя святое! и ручки прижало! и усмехается, бедное! а краски! боже ты мой, какие краски! тут вохры, я думаю, и на копейку не пошло, все ярь да бакан; а голубая так и горит! важная работа! должно быть, грунт наведен был блейвасом. Сколь, однако ж, ни удивительны сии малевания, но эта медная ручка, — продолжал он, подходя к двери и щупая замок, — еще большего достойна удивления. Эк какая чистая выделка! Это все, я думаю, немецкие кузнецы, за самые дорогие цены делали...»

Может быть, долго еще бы рассуждал кузнец, если бы лакей с галунами не толкнул его под руку и не напомнил, чтобы он не отставал от других. Запорожцы прошли еще две залы и остановились. Тут велено им было дожидаться. В зале толпилось несколько генералов в шитых золотом мундирах. Запорожцы поклонились на все стороны и стали в кучу.

Минуту спустя вошел в сопровождении целой свиты величественного росту, довольно плотный человек в гетьманском мундире, в желтых сапожках. Волосы на нем были растрепаны, один глаз немного крив, на лице изображалась какая-то надменная величавость, во всех движениях видна была привычка повелевать. Все генералы, которые расхаживали довольно спесиво в золотых мундирах, засуетились и с низкими поклонами, казалось, ловили его слово и даже малейшее движение, чтобы сейчас лететь выполнять его. Но гетьман не обратил даже и внимания, едва кивнул головою и подошел к запорожцам.

Запорожцы отвесили все поклон в ноги.

— Все ли вы здесь? — спросил он протяжно, произнося слова немного в нос.

— *Та вси, батько!* — отвечали запорожцы, кланяясь снова.

— Не забудете говорить так, как я вас учил?

— Нет, батько, не позабудем.

— Это царь? — спросил кузнец одного из запорожцев.

— Куда тебе царь! это сам Потемкин, — отвечал тот.

В другой комнате послышались голоса, и кузнец не знал, куда деть свои глаза от множества вошедших дам в атласных платьях с длинными хвостами и придворных в шитых золотом кафтанах и с пучками назади. Он только видел один блеск и больше ничего. Запорожцы вдруг все пали на землю и закричали в один голос:

— Помилуй, мамо! помилуй!

Кузнец, не видя ничего, растянулся и сам со всем усердием на полу.

— Встаньте! — прозвучал над ними повелительный и вместе приятный голос. Некоторые из придворных засуетились и толкали запорожцев.

— Не встанем, мамо! не встанем! умрем, а не встанем! — кричали запорожцы.

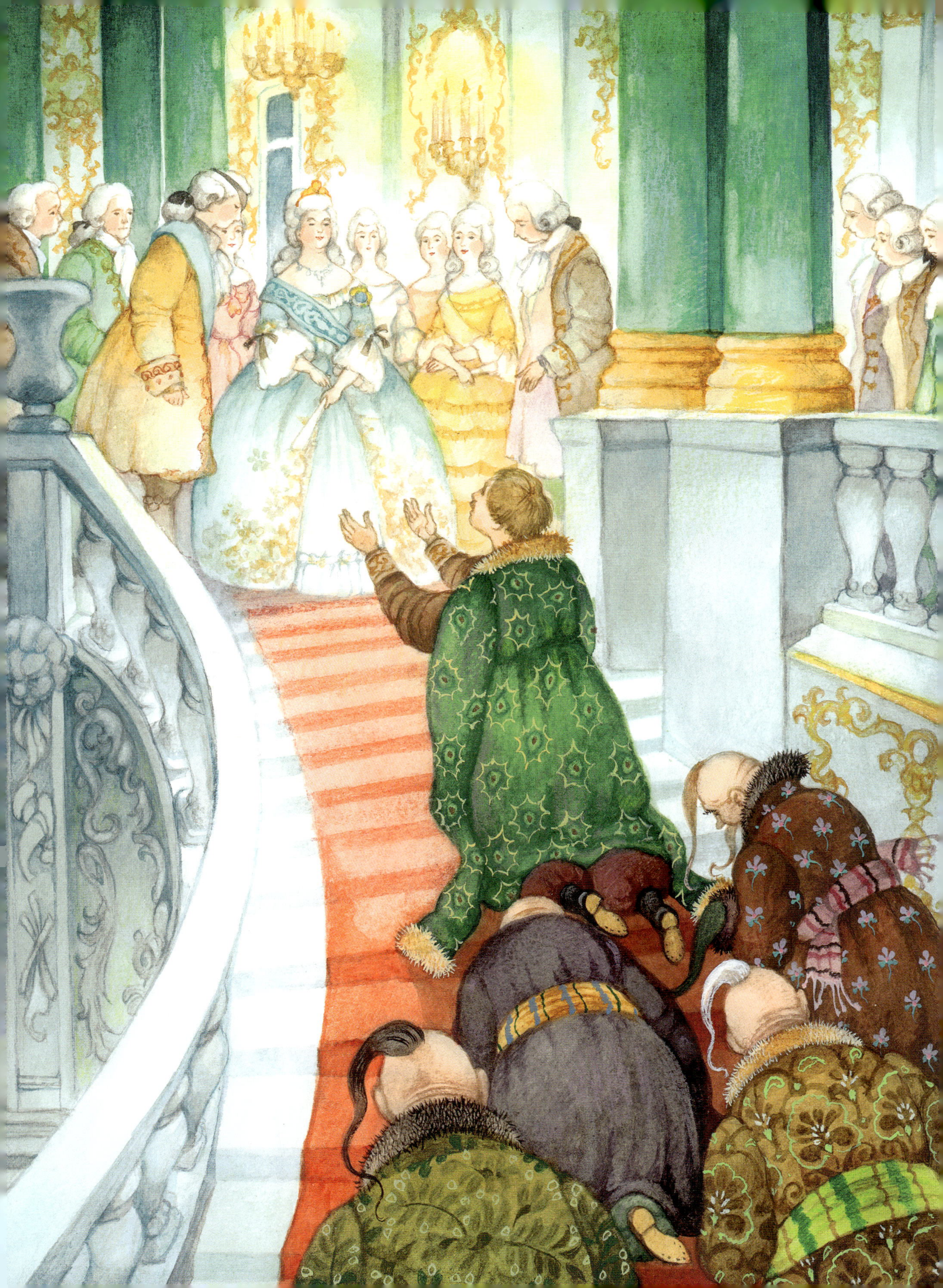

Потемкин кусал себе губы, наконец подошел сам и повелительно шепнул одному из запорожцев. Запорожцы поднялись.

Тут осмелился и кузнец поднять голову и увидел стоявшую перед собою небольшого роста женщину, несколько даже дородную, напудренную, с голубыми глазами, и вместе с тем величественно улыбающимся видом, который так умел покорять себе все и мог только принадлежать одной царствующей женщине.

— Светлейший обещал меня познакомить сегодня с моим народом, которого я до сих пор еще не видала, — говорила дама с голубыми глазами, рассматривая с любопытством запорожцев. — Хорошо ли вас здесь содержат? — продолжала она, подходя ближе.

— *Та спасиби, мамо!* Провиянт дают хороший, хотя бараны здешние совсем не то, что у нас на Запорожье, — почему ж не жить как-нибудь?..

Потемкин поморщился, видя, что запорожцы говорят совершенно не то, чему он их учил...

Один из запорожцев, приосанясь, выступил вперед:

— Помилуй, мамо! зачем губишь верный народ? чем прогневили? Разве держали мы руку поганого татарина; разве соглашались в чем-либо с турчином; разве изменили тебе делом или помышлением? За что ж немилость? Прежде слышали мы, что приказываешь везде строить крепости от нас; после слышали, что хочешь *поворотить в карабинеры*; теперь слышим новые напасти. Чем виновато запорожское войско? тем ли, что перевело твою армию через Перекоп и помогло твоим енералам порубать крымцев?..

Потемкин молчал и небрежно чистил небольшою щеточкою свои бриллианты, которыми были унизаны его руки.

— Чего же хотите вы? — заботливо спросила Екатерина.

Запорожцы значительно взглянули друг на друга.

«Теперь пора! царица спрашивает, чего хотите!» — сказал сам себе кузнец и вдруг повалился на землю.

— Ваше царское величество, не прикажите казнить, прикажите миловать! Из чего, не во гнев будь сказано вашей царской милости, сделаны черевички, что на ногах ваших? Я думаю, ни один швец ни в одном государстве на свете не сумеет так сделать. Боже ты мой, что, если бы моя жинка надела такие черевики!

Государыня засмеялась. Придворные засмеялись тоже. Потемкин и хмурился и улыбался вместе. Запорожцы начали толкать под руку кузнеца, думая, не с ума ли он сошел.

— Встань! — сказала ласково государыня. — Если так тебе хочется иметь такие башмаки, то это нетрудно сделать. Принесите ему сей же час башмаки самые дорогие, с золотом! Право, мне очень нравится это простодушие! Вот вам, — продолжала государыня, устремив глаза на стоявшего подалее от других средних лет человека с полным, но несколько бледным лицом, которого скромный кафтан с большими перламутровыми пуговицами показывал, что он не принадлежал к числу придворных, — предмет, достойный остроумного пера вашего!

— Вы, ваше императорское величество, слишком милостивы. Сюда нужно, по крайней мере, Лафонтена! — отвечал, поклонясь, человек с перламутровыми пуговицами.

— По чести скажу вам: я до сих пор без памяти от вашего «Бригадира». Вы удивительно хорошо читаете! Однако ж, — продолжала государыня, обращаясь снова к запорожцам, — я слышала, что на Сечи у вас никогда не женятся.

— *Як же, мамо!* ведь человеку, сама знаешь, без жинки нельзя жить, — отвечал тот самый запорожец, который разговаривал с кузнецом, и кузнец удивился, слыша, что этот запорожец, зная так хорошо грамотный язык, говорит с царицею, как будто нарочно, самым грубым, обыкновенно называемым мужицким наречием. «Хитрый народ! — подумал он сам себе, — верно, недаром он это делает».

— Мы не чернецы, — продолжал запорожец, — а люди грешные. Падки, как и все честное христианство, до скоромного.

Есть у нас немало таких, которые имеют жен, только не живут с ними на Сечи. Есть такие, что имеют жен в Польше; есть такие, что имеют жен в Украйне; есть такие, что имеют жен и в Турещине.

В это время кузнецу принесли башмаки.

— Боже ты мой, что за украшение! — вскрикнул он радостно, ухватив башмаки. — Ваше царское величество! Что ж, когда башмаки такие на ногах и в них, чаятельно, ваше благородие, ходите и на лед *ковзаться*, какие ж должны быть самые ножки? думаю, по малой мере из чистого сахара.

Государыня, которая точно имела самые стройные и прелестные ножки, не могла не улыбнуться, слыша такой комплимент из уст простодушного кузнеца, который в своем запорожском платье мог почесться красавцем, несмотря на смуглое лицо.

Обрадованный таким благосклонным вниманием, кузнец уже хотел было расспросить хорошенько царицу о всем: правда ли, что цари едят один только мед да сало, и тому подобное; но, почувствовав, что запорожцы толкают его под бока, решился замолчать; и когда государыня, обратившись к старикам, начала расспрашивать, как у них живут на Сечи, какие обычаи водятся, — он, отошедши назад, нагнулся к карману, сказал тихо: «Выноси меня отсюда скорее!» — и вдруг очутился за шлагбаумом.

— Утонул! ей-богу, утонул! вот чтобы я не сошла с этого места, если не утонул! — лепетала толстая ткачиха, стоя в куче диканьских баб посереди улицы.

— Что ж, разве я лгунья какая? разве я у кого-нибудь корову украла? разве я сглазила кого, что ко мне не имеют веры? — кричала баба в козацкой свитке, с фиолетовым носом, размахивая руками. — Вот чтобы мне воды не захотелось пить, если старая Переперчиха не видела собственными глазами, как повесился кузнец!

— Кузнец повесился? вот тебе на! — сказал голова, выходивший от Чуба, остановился и протеснился ближе к разговаривавшим.

— Скажи лучше, чтоб тебе водки не захотелось пить, старая пьяница! — отвечала ткачиха, — нужно быть такой сумасшедшей, как ты, чтобы повеситься! Он утонул! утонул в пролубе! Это я так знаю, как то, что ты была сейчас у шинкарки.

— Срамница! Вишь, чем стала попрекать! — гневно возразила баба с фиолетовым носом. — Молчала бы, негодница! Разве я не знаю, что к тебе дьяк ходит каждый вечер?

Ткачиха вспыхнула:

— Что дьяк? к кому дьяк? что ты врешь?

— Дьяк? — пропела, теснясь к спорившим, дьячиха, в тулупе из заячьего меха, крытом синею китайкою. — Я дам знать дьяка! Кто это говорит — дьяк?

— А вот к кому ходит дьяк! — сказала баба с фиолетовым носом, указывая на ткачиху.

— Так это ты, сука, — сказала дьячиха, подступая к ткачихе, — так это ты, ведьма, напускаешь ему туман и поишь нечистым зельем, чтобы ходил к тебе?

— Отвяжись от меня, сатана! — говорила, пятясь, ткачиха.

— Вишь, проклятая ведьма, чтоб ты не дождала детей своих видеть, негодная! Тьфу!.. — Тут дьячиха плюнула прямо в глаза ткачихе.

Ткачиха хотела и себе сделать то же, но вместо того плюнула в небритую бороду голове, который, чтобы лучше все слышать, подобрался к самим спорившим.

— А, скверная баба! — закричал голова, обтирая полою лицо и поднявши кнут. Это движение заставило всех разойтиться с ругательствами в разные стороны. — Экая мерзость! — повторял он, продолжая обтираться. — Так кузнец утонул! Боже ты мой! а какой важный живописец был! какие ножи крепкие, серпы, плуги умел выковывать! Что за сила была! Да, — продолжал он, задумавшись, — таких людей мало у нас на селе. То-то я, еще сидя в проклятом мешке, замечал, что бедняжка был крепко не в духе. Вот тебе и кузнец! был, а теперь и нет! А я собирался было подковать свою рябую кобылу!..

И, будучи полон таких христианских мыслей, голова тихо побрел в свою хату.

Оксана смутилась, когда до нее дошли такие вести. Она мало верила глазам Переперчихи и толкам баб, она знала, что кузнец довольно набожен, чтобы решиться погубить свою душу. Но что, если он, в самом деле, ушел с намерением никогда не возвращаться в село? А вряд ли и в другом месте где найдется такой молодец, как кузнец! Он же так любил ее! Он долее всех выносил ее капризы! Красавица всю ночь под своим одеялом поворачивалась с правого бока на левый, с левого на правый — и не могла заснуть. То, разметавшись в обворожительной наготе, которую ночной мрак скрывал даже от нее самой, она почти вслух бранила себя; то, приутихнув, решалась ни о чем не думать — и все думала. И вся горела; и к утру влюбилась по уши в кузнеца.

Чуб не изъявил ни радости, ни печали об участи Вакулы. Его мысли заняты были одним: он никак не мог позабыть вероломства Солохи и сонный не переставал бранить ее.

Настало утро. Вся церковь еще до света была полна народа. Пожилые женщины в белых намитках, в белых суконных свитках набожно крестились у самого входа церковного. Дворянки в зеленых и желтых кофтах, а иные даже в синих кунтушах с золотыми назади усами, стояли впереди их. Дивчата, у которых на головах намотана была целая лавка лент, а на шее монист, крестов и дукатов, старались пробраться еще ближе к иконостасу. Но впереди всех стояли дворяне и простые мужики с усами, с чубами, с толстыми шеями и только что выбритыми подбородками, все большею частию в кобеняках, из-под которых выказывалась белая, а у иных и синяя свитка. На всех лицах, куда ни взглянь, виден был праздник. Голова облизывался, воображая, как он разговеется колбасою; дивчата помышляли о том, как они будут *ковзаться с хлопцами* на льду; старухи усерднее, нежели когда-либо, шептали молитвы. По всей церкви слышно было, как козак Свербыгуз клал поклоны. Одна только Оксана стояла как будто не своя: молилась и не молилась. На сердце у нее столпилось столько разных чувств, одно другого досаднее, одно другого печальнее, что лицо ее выражало одно только сильное смущение; слезы дрожали на глазах. Дивчата не могли понять этому причины и не подозревали, чтобы виною был кузнец. Однако ж не одна Оксана была занята кузнецом. Все миряне заметили, что праздник как будто не праздник; что как будто все чего-то недостает. Как на беду, дьяк после путешествия в мешке охрип и дребезжал едва слышным голосом; правда, приезжий певчий славно брал баса, но куда бы лучше, если бы и кузнец был, который всегда, бывало, как только пели «Отче наш» или «Иже херувимы», всходил на крылос и выводил оттуда тем же самым напевом, каким поют и в Полтаве. К тому же он один исправлял должность церковного титара. Уже отошла заутреня; после заутрени отошла обедня... куда ж это, в самом деле, запропастился кузнец?

Еще быстрее в остальное время ночи несся черт с кузнецом назад. И мигом очутился Вакула около своей хаты. В это время пропел петух.

— Куда? — закричал он, ухватя за хвост хотевшего убежать черта, — постой, приятель, еще не все: я еще не поблагодарил тебя.

Тут, схвативши хворостину, отвесил он ему три удара, и бедный черт припустил бежать, как мужик, которого только что выпарил заседатель. Итак, вместо того чтобы провесть, соблазнить и одурачить других, враг человеческого рода был сам одурачен. После сего Вакула вошел в сени, зарылся в сено и проспал до обеда. Проснувшись, он испугался, когда увидел, что солнце уже высоко: «Я проспал заутреню и обедню!» Тут благочестивый кузнец погрузился в уныние, рассуждая, что это, верно, Бог нарочно, в наказание за грешное его намерение погубить свою душу, наслал сон, который не дал даже ему побывать в такой торжественный праздник в церкви. Но, однако ж, успокоив себя тем, что в следующую неделю исповедается в этом попу и с сегодняшнего же дня начнет бить по пятидесяти поклонов через весь год, заглянул он в хату; но в ней не было никого. Видно, Солоха еще не возвращалась. Бережно вынул он из пазухи башмаки и снова изумился дорогой работе и чудному происшествию минувшей ночи; умылся, оделся как можно лучше, надел то самое платье, которое достал от запорожцев, вынул из сундука новую шапку из решетиловских смушек с синим верхом, которой не надевал еще ни разу с того времени, как купил ее еще в бытность в Полтаве; вынул также новый всех цветов пояс; положил все это вместе с нагайкою в платок и отправился прямо к Чубу.

Чуб выпучил глаза, когда вошел к нему кузнец, и не знал, чему дивиться: тому ли, что кузнец воскрес, тому ли, что кузнец смел к нему прийти, или тому, что он нарядился таким щеголем и запорожцем. Но еще больше изумился он, когда Вакула развязал платок и положил перед ним новехонькую шапку и пояс, какого не видано было на селе, а сам повалился ему в ноги и проговорил умоляющим голосом:

— Помилуй, батько! не гневись! вот тебе и нагайка: бей, сколько душа пожелает, отдаюсь сам; во всем каюсь; бей, да не гневись только! Ты ж когда-то брался с покойным батьком, вместе хлеб-соль ели и магарыч пили.

Чуб не без тайного удовольствия видел, как кузнец, который никому на селе в ус не дул, сгибал в руке пятаки и подковы, как гречневые блины, тот самый кузнец лежал у ног его. Чтоб еще больше не уронить себя, Чуб взял нагайку и ударил его три раза по спине.

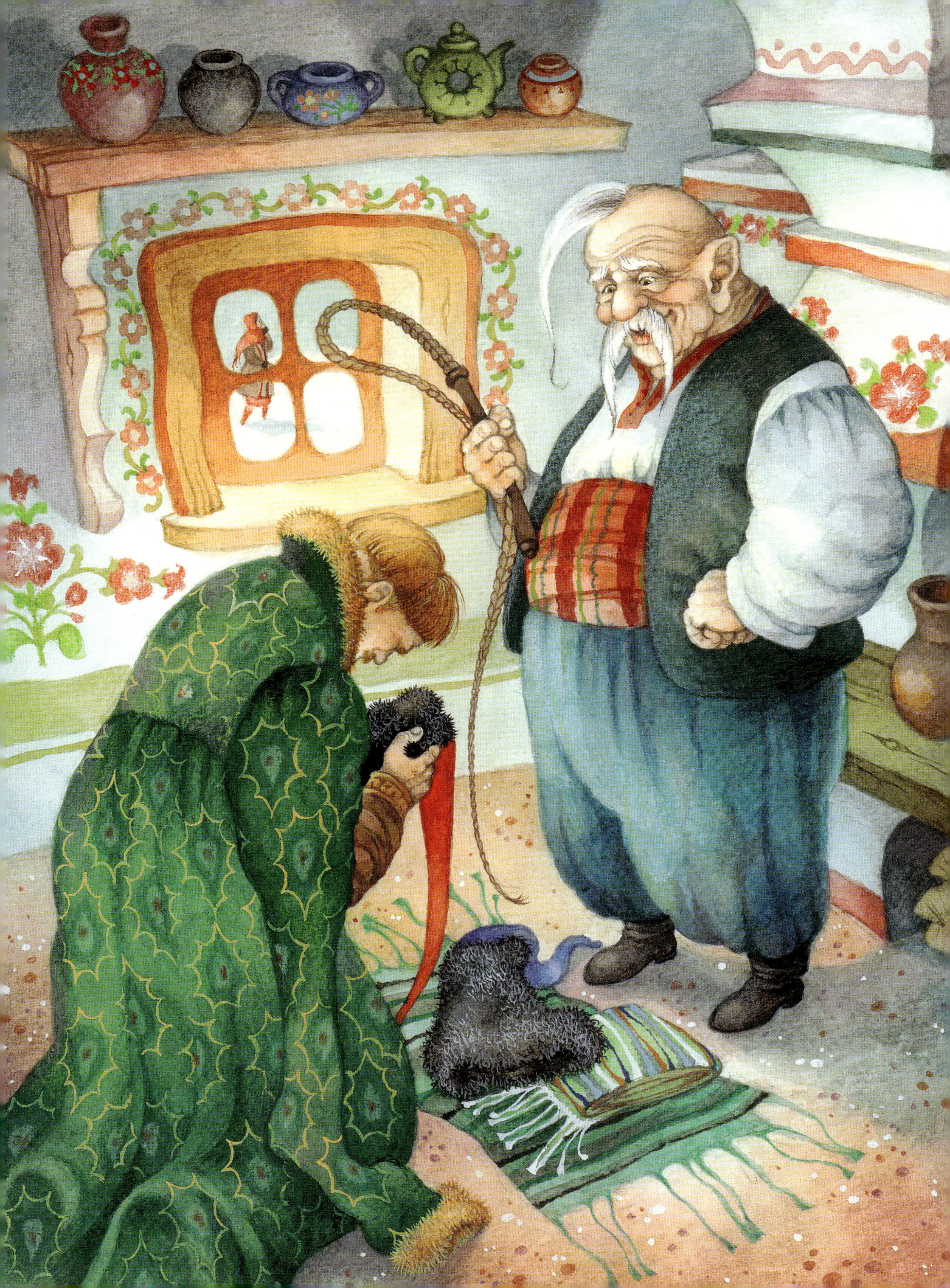

— Ну, будет с тебя, вставай! старых людей всегда слушай! Забудем все, что было меж нами! Ну, теперь говори, чего тебе хочется?

— Отдай, батько, за меня Оксану!

Чуб немного подумал, поглядел на шапку и пояс: шапка была чудная, пояс также не уступал ей; вспомнил о вероломной Солохе и сказал решительно:

— *Добре!* присылай сватов!

— Ай! — вскрикнула Оксана, переступив через порог и увидев кузнеца, и вперила с изумлением и радостью в него очи.

— Погляди, какие я тебе принес черевики! — сказал Вакула, — те самые, которые носит царица.

— Нет! нет! мне не нужно черевиков! — говорила она, махая руками и не сводя с него очей, — я и без черевиков... — Далее она не договорила и покраснела.

Кузнец подошел ближе, взял ее за руку; красавица и очи потупила. Еще никогда не была она так чудно хороша. Восхищенный кузнец тихо поцеловал ее, и лицо ее пуще загорелось, и она стала еще лучше.

Проезжал через Диканьку блаженной памяти архиерей, хвалил место, на котором стоит село, и, проезжая по улице, остановился перед новою хатою.

— А чья это такая размалеванная хата? — спросил преосвященный у стоявшей близ дверей красивой женщины с дитятей на руках.

— Кузнеца Вакулы, — сказала ему, кланяясь, Оксана, потому что это именно была она.

— Славно! славная работа! — сказал преосвященный, разглядывая двери и окна. А окна все были обведены кругом красною краскою; на дверях же везде были козаки на лошадях, с трубками в зубах.

Но еще больше похвалил преосвященный Вакулу, когда узнал, что он выдержал церковное покаяние и выкрасил даром весь левый крылос зеленою краскою с красными цветами. Это, однако ж, не все: на стене сбоку, как войдешь в церковь, намалевал Вакула черта в аду, такого гадкого, что все плевали, когда проходили мимо; а бабы, как только расплакивалось у них на руках дитя, подносили его к картине и говорили: *«Он бачь, яка кака намалевана!»* — и дитя, удерживая слезенки, косилось на картину и жалось к груди своей матери.

Содержание

И. Шмелев
Рождество
(Глава из повести «Лето Господне») 5

Н. Лесков
Неразменный рубль 19

П. Бажов
Серебряное копытце 33

Н. Гоголь
Ночь перед Рождеством 49

УДК 821.161.1-34-93
ББК 84(2Рос=Рус)
Б799

Литературно-художественное издание
Для среднего школьного возраста

БОЛЬШАЯ ЗИМНЯЯ КНИГА
Рассказы и сказки

Художник Ольга Ионайтис

Дизайн обложки В. И. Никандровой

Ответственный редактор А. А. Малько
Художественный редактор М. В. Панкова
Технический редактор А. Т. Добрынина
Корректор Г. Н. Смирнова

Подписано в печать 15.07.21. Формат 84×108 $^{1}/_{16}$. Бумага мелованная.
Печать офсетная. Усл. печ. л. 13,44. Тираж 3000 экз. ID 35756. Заказ № 3118.

ООО «РОСМЭН».
Почтовый адрес: 127521, г. Москва, ул. Шереметьевская, д. 47.
Тел.: (495) 933-71-30.
Юридический адрес: 117465, г. Москва, ул. Генерала Тюленева, д. 29,
корп. 1, 1-й эт., пом. II, комн. 1, 2, 3.

Наши клиенты и оптовые покупатели могут оформить заказ,
получить опережающую информацию о планах выхода изданий
и перспективных проектах в Интернете по адресу: **www.rosman.ru**

ОТДЕЛ ПРОДАЖ:
(495) 933-70-73; 933-71-30; (495) 933-70-75 (факс).

Дата изготовления: август 2021 г.
Отпечатано в России.

В соответствии с Федеральным законом № 436-ФЗ
от 29 декабря 2010 года маркируется знаком **12+**

Әдеби-көркем басылым
Орта мектеп жасындағы балаларға арналған
Өндірілген күні: тамыз 2021
Ресейде басылған.
Өндіруші: «РОСМЭН» ЖШҚ. Заңды мекен-жайы: Ресей,
117465, Мәскеу қ., Генерал Тюленев, 29-үй, 1-корп., 1-қаб., ІІ-жай, 1, 2, 3-бөл.
Нақты мекен-жайы / пошталық мекен-жайы: Ресей, 127521, Мәскеу қ.,
Шереметьевская к., 47-үй. Телефон: +7 (495) 933-71-30.
Наразылықтарды қабылдауға уәкілетті тұлға: «РОСМЭН» ЖШҚ.
www.rosman.ru
Тауар сертификатталған. ҚО ТР 007/2011 сәйкес келеді.

Отпечатано с электронных носителей издательства.
ОАО «Тверской полиграфический комбинат». 170024, Россия, г. Тверь, пр-т Ленина, 5.
Телефон: (4822) 44-52-03, 44-50-34, Телефон/факс: (4822)44-42-15
Home page – www.tverpk.ru Электронная почта (E-mail) – sales@tverpk.ru

Б799
Большая зимняя книга : рассказы и сказки / Н. Гоголь, П. Бажов, Н. Лесков, И. Шмелев ; худож. О. Ионайтис. — М. : РОСМЭН, 2021. — 128 с. : ил.

«Зимние» произведения замечательных русских писателей Н. Гоголя, П. Бажова, Н. Лескова, И. Шмелева с чудесными иллюстрациями Ольги Ионайтис создадут волшебное новогоднее настроение у детей и их родителей. Книга станет прекрасным подарком на Новый год и Рождество.

ISBN 978-5-353-09668-9

УДК 821.161.1-34-93
ББК 84(2Рос=Рус)
© Шмелев И. С., наследники, 2020
© Бажов П. П., наследники, 2020
© ООО «РОСМЭН», 2020